움직이는 습관 My Own Movement

Contents

AROUND

Vol.92
2023 December

ISSN 2287-4216
ISBN 979-11-6754-030-0
KRW 18,000

움직이는 순간 My Own Movement

Han Jihoon, Lee Sulla, Jinwoo Hwon Lee, Lee Chanhee, Yang Soohyun,
Cho Kwanghoon, Hayaatii, Nakamoto Taro, Sally, Nikon, LCDC, Tim Hortons, Applaud,
WORKERBEE, lukt, Jade Stephens

새해를 맞은 게 얼마 전 같은데 올해도 얼마 남지 않았다. 매년 말,
비슷한 상황이다. 내년을 계획하는 내용도 크게 다르지 않다. 그나마
해를 거듭할수록 비중이 높아지는 건 '운동'이다. 쉼 없이 일하며 아이를
낳고 육아까지 병행하며 몸도 마음도 시들한 상태에서 시작한 운동은
요가였다. 운동을 꾸준히 한 적이 없는데, 요가는 어느덧 2년 반이라는
시간이 흘렀다. 나는 자주 많이 보다는 '조금씩 길게'를 추구하는
편이라, 시간을 쪼개 주 1회를 가는 대신 빠지지 않고 부지런히 다녔다.
다행히 몸은 서서히 좋아지는 중이다. 사실 나아진 건 몸보다도 나의
정신상태다. 힘들게 몸을 이끌고 땀을 흘린 날은 그렇지 않은 날보다
정신이 맑고 가벼워졌다. 심리학자 가이 클랙스턴Guy Cakon이 말하길,
우리 몸이 움직일 때 뇌는 신체와 정신 간의 대화를 주최하는 일종의
'대화방' 역할을 한다는 것이다. 내 한 몸에 있으나 신체와 정신의
대화가 부족했다고 나는 여러 번 느꼈다. 요즘의 라이프스타일에서 점점
움직임이 줄어든다는 우려의 목소리가 들려온다. 집에 앉아 있으면
음식이 배달되고, 청소기가 청소를 해 주는 시대라 몸과 정신의 대화가
턱없이 부족한 상황이다. 몸이 편한 세상에서 어떻게 하면 영양가 높은
움직임을 만들 수 있을까. 이 운동 저 운동 시도를 해 봤지만 오래 나를
붙잡는 건 아직 요가뿐. 그러나 여전히 찾는 중이다. 내년 계획에는
새로운 항목이 추가되길 바라며. 해피 뉴이어.

김이경—편집장

Hugs with
Nature

풍요로운 자연의 품 속에서

Photographer
Jade Stephens

에디터 **이명주**

반가워요. 한국의 독자들에게 인사해 줄래요?

안녕하세요. 저는 제이드라고 해요. 호주에서 태어났고 지금은 독일에서 제품 디자이너와
사진작가로 일하고 있어요. 스포츠와 친구들을 사랑하고, 도시 곳곳을 누비기 좋아하는
사람이에요.

지금 머무는 곳은 베를린이죠? 제이드의 일상이 궁금해요.

베를린에서도 노이쾰른Neukölln이라는 곳이에요. 카페와 바, 빈티지 가게가 많고 고유한 매력을
가진 예술적인 동네죠. 아침은 언제나 귀리 우유로 만든 플랫 화이트 한 잔으로 시작하는데요.
근처에 더 이상 쓰지 않는 비행장이 있어서 그곳을 달리거나 자전거를 타고 피트니스 수업도
들어요. 혼자만의 시간이 주어질 땐 명상을 하거나 일기를 써요. 저한테는 삶의 균형을 맞추는
방법이 성찰이거든요.

하루 중 많은 시간을 야외 활동과 운동에 쏟고 있네요.

어릴 때부터 스포츠를 즐겼던 터라 이런 일상이 익숙해요. 호주는 운동을 사랑하는 사람이
많아요. 저는 가족이랑 하이킹과 캠핑을 자주 즐겼고 수영과 네트볼, 축구, 터치 풋볼 같은
종목을 좋아했어요. 단거리 달리기, 높이뛰기 등의 대회에 출전하기도 했고요. 오랫동안 몸을
움직이며 체력을 길렀기 때문에 어른이 된 지금도 건강한 것 같아요. 마음의 안정과 정신
건강에도 도움되고요.

멋지네요. 몸과 마음의 건강을 가꿀 줄 아니까요.

그런가요? 사실 내년에 철인 3종 경기에도 도전하고 싶어서 달리기와 사이클 훈련을 받고
있어요. 수영도 다시 시작했고요.

든든한 체력 덕분인지 산과 바다를 넘나들며 작품을 만들죠. 기억에 남는 장소가 있어요?
스위스 알프스산맥에 위치한 캠핑장으로 하이킹을 간 적 있어요. 원하는 포인트에서 일몰
장면을 찍고 싶어 열심히 걸었지만 생각보다 길이 어려워서 실패하고 말았죠. 해가 서서히
내려앉으며 세상이 황금빛으로 물드는 골든아워에 계획과는 다른 지점에 있었어요. 하지만
하나도 불행하지 않았어요. 예상치 못한 장소와 쏟아지는 햇빛이 오히려 색다른 사진을 찍기에
좋은 기회가 되어줬거든요. 아름다운 빛을 보고 흥분한 제가 하이킹하는 친구들을 찍기 위해
여기저기 뛰어다니던 기억이 나요(웃음).

광활한 자연의 풍채가 정말 아름다웠겠어요. 기대하지 않았으니 더 큰 선물이었을 테고요.
익숙하지 않은 환경은 제 안에 있는 무언가를 끌어내 줘요. 발견의 감각과 피사체를 바라보는
새로운 시선 같은 것들을요. 아마 평생 좇고 싶은 영감이 아닐까 싶어요.

직접 하이킹하며 촬영까지 해야 할 땐 준비물이 많을 것 같은데 어떤가요?
가장 중요한 건 역시 체력이에요. 배낭에 단 몇 킬로그램의 무게를 추가해도 육체에는 큰
무리가 오거든요. 알프스산맥 봉우리 중 하나인 '몽블랑Mont Blanc'에 오를 때는 카메라
두 대와 렌즈 두 개, 삼각대를 들고 걷기 위해 몇 달 동안 훈련을 받았어요. 암벽 등반을 해야 할
때도 있어서 상체의 힘도 키웠죠. 다만 제가 키운 힘과 정신력은 거창한 게 아니라, 일상적인
스포츠에서도 충분히 기를 수 있는 거예요.

모든 과정을 묵묵히 수행하며 얻는 결과물이군요. 제이드는 작업을 통해 어떤 의미를 얻나요?
결과물에 담길 사랑과 기쁨을 위해서라면 모든 배움이나 준비가 가치 있다고 생각해요. 어려움
속에서 기쁨을 찾는 것만큼 즐거운 것도 없고요. 물론, 여러분이 제 사진을 보고 좋아할 때가
가장 행복한 순간이지만요(웃음).

**뒷면에 담긴 열정을 알고 나니 더욱 소중해요. 제이드의 사진은 역동적인 순간을 포착한
건데도 낭만적이고 우아하게 느껴져요. 그 덕분에 아무리 먼 곳에서 찍었더라도 우리의 일상과
가까운 이야기 같고요.**
고마워요. 기분 좋은 이야기예요. 저는 사진에서 빛과 스토리텔링이 가장 중요한 요소라고
생각해요. 축복과도 같은 자연광으로 보는 이의 시선을 사로잡고, 알맞은 균형의 구도로
이야기를 전하는 거죠. 색채와 빛을 통해 생동감을, 깨끗한 구도를 통해 평온함을 주고 싶어요.
보는 이들은 어떤 장면을 보고 싶어 할지, 시선이 어디로 끌리는지, 장면의 일부가 된 느낌을
주는지… 매 순간 고민한답니다. 사진 한가운데에 낯선 사람들을 배치하는 것도 스토리텔링에
도움이 되어요.

**빛에 대한 설명도 좀더 듣고 싶어요. 건조하고 추운 계절의 사진에서도 풍요로운 따뜻함이
느껴지거든요.**
누군가 '사진은 빛으로 칠하는 것'이라고 말했는데, 그 말을 마음속에 새겨두었어요. 자연광은
자연의 색을 가장 선명하게 이끌어내는 도구예요. 빛이 풍성한 시간대를 노려 촬영 계획을
세우거나, 빛의 방향이 풍경에 어떤 영향을 줄지 연구하면서 햇빛을 적극적으로 활용하죠.

사진은 찍는 사람의 마음이 보인다고 생각해요. 제이드는 어떤 마음을 담고 있어요?
바깥 공간 자체가 저한테 주는 순수한 기쁨이요. 제가 느끼는 즐거움과 활기를 보는 이에게도
전하고 싶어요. 자연의 모든 존재가 우리에게 선물하는 위안을 느끼길 바라요.

H. jadestephens.photography

Starting From Me
내쉬는 숨의 맥을 따라

한지훈—요가소년

에디터 이명주
포토그래퍼 Hae Ran

굳은 몸이 좀처럼 풀어질 기색을 보이지 않는 이 계절, 요가소년을
만났다. 준비해 온 매트를 단정한 모양새로 펼쳐둔 채 몸을 곧게
뻗는 그를 보며 나를 돌아보았다. 저렇게 하늘을 들어 올릴 듯
팔을 든 건 언제일까. 볼이 발그레해질 만큼 근육을 풀고 새로운
숨이 온몸을 한 바퀴 돌도록 깊게 들이마신 건 언제였을까.
요가소년 한지훈의 말과 숨을 따라 지금, 이 자리에 머무는 우리를
들여다본다. 그 이후에는 그저 몸이 내는 소리를 따르면 된다.

한 사람이라도 매일 다른 상태가 되기 때문에
중요한 건 정답을 찾는 게 아니라 계속 자신의 상태를 확인하는 거예요.
마침표가 아니라 질문을 던지는 게 중요한 거죠.
똑 부러지는 답을 얻지 못해도, 뾰족한 답을 발견하지 못해도 괜찮아요.

한국에는 바로 어제 도착하셨다고요. 만나게 되어 반가워요.
안녕하세요. '요가소년'이라는 이름으로 유튜브 채널을 운영하는 한지훈입니다. 저 스스로를 가리킬 때는 요가를 나누고 안내하는 사람, 요가 안내자라는 표현을 즐겨 쓰고 있어요. 미국 시카고에 살고 있어서 한국에는 2주 정도 머무를 예정인데요. 전쟁이 항로에 영향을 미친 탓인지 평소보다 두세 시간 더 걸려서 한국에 도착했어요.

장거리 비행은 조금만 지연되어도 몇 배로 힘든데 피곤하셨겠어요. 한국에는 오랜만에 오신 건가요?
올여름에 왔어요. 1년에 한두 번 한국으로 오는데 보통 여름에 두세 달 정도 머물면서 아내와 함께 친구들, 가족들을 만나요. 틈틈이 찾아주시는 분들과 협업해서 요가 수련 클래스를 열기도 하고요. 어젯밤에는 도착하자마자 가족 모임으로 삼겹살을 맛있게 먹고 침대에 누웠는데 바로 잠들었어요(웃음). 오늘도 성수에서 클래스를 하나 진행했고, 내일은 대구 팔공산으로 요가 투어를 떠납니다.

꼭 만나 대화를 나누고 싶었는데 운이 좋았던 거네요.
그렇게 말씀해 주셔서 기뻐요. 저도 찾아주셔서 감사하고, 또 얼굴을 직접 보고 이야기를 나누게 되어 좋아요.

갑자기 추워져서 놀라시진 않았나요? 한국은 겨울이 성큼 다가왔거든요.
초겨울에 한국에 있는 게 7년 만이에요. 얼마 전에 한국에 사는 가족들과 통화했는데 반팔 입을 정도의 날씨라며 덥다고 하더라고요. 제가 사는 시카고는 바람이 많이 불어서 '윈디 시티'라는 별명을 갖고 있고, 그 전에 살던 미시간은 길고 건조한 겨울이 찾아오는 곳이에요. 눈도 많이 내리고요. 두 지역에서 지내면서 추위에는 이골이 난 터라 따뜻하다는 이야기를 듣고 기대했는데, 생각보다 훨씬 추워졌네요. 그래도 오랜만에 낙엽 떨어지는 거리를 봤어요.

'윈디 시티'는 어떤 모습일지 궁금한데요.
오대호라고 한반도가 잠길 만한 크기의 호수가 있어요. 그 줄기로 뻗어 나오는 미시간호가 보이는 곳에 살고 있죠. 어마어마하게 큰 호수다 보니 바다 같기도 해요. 수면이 잠잠할 때는 파도가 없는 바다처럼 보여서 낯설고 흥미롭죠. 패들보트 타는 사람들도 많고요. 미국에 살게 된 건 아내의 일 때문이에요. 어디서 살까 많이 고민했는데 미시간호의 풍경을 보고선 비용을 감수하더라도 그곳에 머물고 싶었어요. 아주 아름다운 풍경을 바라보며 살고 있답니다.

바다 같은 호수라니, 직접 보고 싶어지네요. 앞선 소개에서 직업이 아니라 어떠한 사람이라고 표현하는 게 인상 깊었어요. '안내'라는 것에 특별한 의미가 담긴 걸까요?
일부러 어려운 길로 간다고 생각하실 수도 있는데, 누구에게 무언가를 가르친다거나 선생이라는 표현은 조금 무거운 것 같아요. 요가라는 단어에도 괜한 무게가 실리곤 하는데, 더욱 무거워진달까요. 제가 전하고 싶은 요가는 위에서 내려오는 시선이 아니라, 요가와 가까워지는 여정을 곁에서 바라보는 시선이에요. 가르쳐준다는 말을 사용하고 싶지 않았고 저와도 잘 맞지 않아서 '안내'라는 표현을 쓰게 됐어요.

'한지훈'이라는 이름보다 '요가소년'으로 더 자주 불릴 텐데요. 요가소년의 시작을 알려면 지훈 씨와 요가의 만남부터 들어봐야 할 것 같아요.
첫 만남은 바야흐로 15년 전 이야기인데요(웃음). 친구들과 봉사 활동 겸 여행을 떠날 수 있는 교내 프로그램에 참여했어요. 인도라는 나라에 호기심이 들어서 한 달 동안 저를 포함한 남자 네 명이 그곳에 머물렀죠. 봉사 활동 이외의 시간에는 무얼 할까 고민하다가, 친구 하나가 "그래도 인도에 왔는데 요가 한번 해볼래?"라고 하더라고요. 그때만 해도 저한테 요가란 은은한 노래와 함께 도를 닦고 있는 지도자의 모습이었어요. 조금 괴상한 자세와 해탈한 듯한 표정 같은 것들요.

맞아요. 다리를 들어 목 뒤에 얹는다든가, 만만치 않은 인상이죠.
궁금하긴 하니까 요가를 가르쳐주는 센터에 갔더니 보통 한 달씩 프로그램을 수강해야 한다고 하더라고요. 우리에게 남은 건 단 3일뿐이라 포기하고 가려는데, 저희를 꼭 잡더니 한 달치 금액을 내면 특별히 3일 만에 모든 과정을 알려준대요. 솔깃해서 등록하긴 했는데 다짜고짜 여러 가지 '아사나Asana'를 해보라고 했죠.

아사나는 '자세'라는 뜻이죠?
맞아요. 산스크리트어예요. 어쨌든 요가 선생님이 보여주는 대로 열심히 따라 하긴 하지만 될 리가 없죠. 그래도 계속 잘한다며 다음 자세로 넘어갔어요. 중간에 친구랑 저랑 서로 눈이 마주치면서 "이거 맞아?", "아닌 거 같은데."라며 웃던 기억이 나요. 선생님은 무슨 말인지 모르실 텐데도 저희를 따라 웃더라고요. 그때 아주 조금은 우리가 속은 걸지도 모른다고 생각했죠.

(웃음) 사실 첫 만남에는 별로 감흥이 없었네요. 바가지까지 썼고요!
요가를 경험했다고 말하기에도 부족했죠. 그렇게 한국으로 돌아와서 잊고 지내다가, 당시 여자 친구였던 제 아내가 요가원 가는 걸 엄청 좋아했어요. 저를 만나기 이전부터 꾸준히 했고요. 어느 날, 요가를 다녀오더니 요가원을 잘 만난 것 같다고 또 가고 싶다고 하더라고요. 도대체 어떤 곳이길래 그럴까, 궁금했죠. 하루는 저에게 같이 가자길래 데이트하는 느낌으로 따라나서 첫 수업을 들었는데, 너무 괜찮았어요.

어떤 부분이 괜찮게 느껴진 거예요?
수업 진행은 딱히 특별한 건 없었어요. 수련생들이 쭉 앉아 있고 앞에서 움직임을 보여주면서 따라 하도록 하는 거요. 그때 제가 첫 수업이다 보니 신체 능력이 부족하고 낯설어서 동작이 잘 안됐어요. 끙끙대고 부끄러워하는데 선생님이 제 모습을 보곤 조용히 오시더라고요. 그리고는 저만 들릴 정도로 말씀하셨죠. "무리하지 않으셔도 괜찮습니다." 그 한마디가 거창할 수도 있지만 인간이 지닌 배려의 표본이 아닐까 생각했어요.

세심함이 담긴 한마디네요. 매번 끙끙대고 부끄러운 운동 열등생들은 동작을 억지로라도 해내야 한다는 생각이 들잖아요.

무리하지 않아도 좋다는 건 존중의 한 방식 같아요. 그런 태도가 공간을 구성하는 사람들에게 배어 있다면 기꺼이 이곳에 자주 오고 싶더라고요. 처음에는 3개월 등록해서 부지런히 나가보고 뭐가 뭔지 잘 모르지만 열심히 따라 해봤어요. 일주일에 서너 번은 수업을 듣고 나가지 않는 시간에도 요가 생각을 했죠.

요가 생각이라는 건 잘하고 싶다는 생각인가요?
어떤 아사나를 안내하셨을 때, 그 언어들을 다 알아듣고 싶었어요. 아무도 저한테 숙제 내주지 않았고, 그걸 하라고 압박한 것도 아닌데 제가 제 시간을 할애해서 공부하고 있더라고요. 사람들은 무언가를 혹은 누군가를 좋아하면 시키지 않아도 자연스럽게 하는 행동들이 있는데, 좋아하는 대상에게 하는 것처럼 저는 요가에게 한 거예요. 요가원에 나가는 시간을 소중히 여기고, 함께하는 분들이랑 소통하고 싶어 하고요.

몸에서 먼저 신호를 주었을 거라고 예상했는데 마음이 먼저 동했던 건가 봐요.
물론 그때 몸에서도 삐거덕거리는 부분이 많았어요. 위장이 불편하고 퇴행성 관절염이 시작됐고 두통도 심했죠. 일에 빠져 살던 때라 식사도 거르고 잠도 잘 못 잤고요. 근데 바쁘면 당연한 수순처럼 그렇게 지내고, 그게 맞다고 생각하잖아요. 그래서 회복하기 위해 요가원에 갔던 게 아니라, 요가원에 갔더니 내가 회복해야 할 부분이 많다는 걸 깨닫게 된 거예요. 회복의 시작은 알아차리는 거예요. 내가 지금 이 부분을 불편해하고 있구나, 이런 부분이 아프구나. 요가 수련할 때 나의 몸과 숨에 완전히 몰입하게 되는데요. 그러면 복잡하고 어지럽고 시끄럽던 머릿속이 아주 단순해져요. 그제야 비로소 선명하게 보이는 것들이 생기는 거죠.

좀 더 설명을 듣고 싶어요. 나의 현재를 살펴보는 것… 어떻게 하나요?
예를 들어 오른 무릎이 많이 아프다는 걸 인식했어요. 그럼 '그쪽이 아픈 건 항상 무거운 걸 들고 오래 걷기 때문이고, 서 있을 때 짝다리를 짚었기 때문이네.'라고 곱씹어 보는 거죠. 요가 수업을 들어보면 지금 여러분의 호흡은 어떤지, 지면에 닿아 있는 신체 부위가 어떻게 느껴지는지, 자세를 수행할 때 몸의 앞부분과 뒷부분은 어떤 느낌인지 계속 물어보세요. 숨을 들이마시고 내뱉는 거나 지면에 닿는 발바닥 같은 건 너무나 자연스럽기 때문에 그냥 지나치기 쉬워요. 그래서 더욱 열중하는 시간으로 되짚어봐야 하죠.

그럼 살펴본 다음에는요?

내가 어떠한 상태에 놓여 있구나, 내 감정과 몸 상태가 이렇구나, 알게 됐다면 또 기다려 보는 거예요. 내가 이걸 회복하고 싶은지, 유지하고 싶은지 또는 그만두고 싶은지. 몸이 내는 소리를 그저 따라가 보는 거죠. 이럴 땐 어떻게 하라는 답을 정해드리기 어려운데요. 사람마다 다르고, 한 사람이라도 매일 다른 상태가 되기 때문에 중요한 건 정답을 찾는 게 아니라 계속 자신의 상태를 확인하는 거예요. 마침표가 아니라 질문을 던지는 게 중요한 거죠. 똑 부러지는 답을 얻지 못해도, 뾰족한 답을 발견하지 못해도 괜찮아요.

자기 자신에게 집중하는 시간이 필요하다는 말로도 들려요.

사실 요즘 재미있는 게 얼마나 많아요. 집중하기 어렵지만 조금이라도 시간을 만들었으면 좋겠어요. 꼭 요가만이 해답이라고 생각하지 않아요. 다른 운동이 몰입의 시간을 만들어 줄 수 있고, 사색이나 잠을 자는 게 될 수도 있겠죠. 누군가를 만나서 수다 떠는 것도요. 혹시 그런 도구를 아직 찾지 못했다면 그때 요가를 시도해 봐도 좋을 것 같아요. 다만 저와 같은 의미를 얻지 못했다고 하더라도 너무 속상해하지는 않으시길 바라요. 다양한 방법 중 꼭 맞는 걸 찾아가면 되니까요. 이 세상에 반드시 해야 할 건 없다고 생각해요.

어느 인터뷰에서 "모두에게는 각자의 수련이 있다."라고 이야기하신 적 있죠. 맥이 이어지는 것 같아요.

오늘 준비해 주신 이 차가 저에겐 너무 좋아요. 그런데 포토그래퍼 작가님에게는 그만큼 좋지 않을 수도 있거든요. 무작정 "이거 너무 좋아, 마셔봐." 하는 게 조금 조심스러울 때가 있어요. 듣는 이가 그렇게까지 좋지 않더라도 맘에 든다고 이야기해야 할 것만 같은 분위기가 만들어지거든요. 요가 수업에서도 마찬가지예요. 우리 모두의 몸은 다 달라요. 신체 능력도 다르고, 요가 수련을 얼마나 하느냐에 따라서도 수행 능력이 달라져요. 그런데 우리는 시각이 굉장히 예민하기 때문에 모양을 똑같이 따라 하지 못하면 부족한 사람이라고 평가해 버려요.

맞아요. 다른 누구보다도 내가 먼저 나를 그렇게 판단하게 되더라고요.

요가 안내자를 따라 몸을 움직였고 그 자세 이름이 '비라바드라아사나Virabhadrasana'라면, 모두 각자만의 비라바드라아사나를 만드는 거예요. 저와 똑같은 모양이 아니라도요. 만약 다리 뒤쪽이나 무릎이 많이 불편하다면 무릎 굽힌 정도를 줄이면서 나만의 모양을 찾아야 해요.

아마 많은 사람이 물을 것 같기도 해요. "이렇게 해도 돼요?", "이렇게 하면 안 되죠?"

그럼 "아니에요. 그렇게 해도 돼요."라고 말씀드려요. 비교하는 게 나쁜 건 아니에요. 우리는 사람이고 우리가 자라온 환경이 그렇게 학습하게 만들었어요. 누군가와 경쟁하거나 저 사람보다 뒤처지지 않고 싶은 마음은 내가 못나서, 뭔가 부족해서가 아니라 사람이니까 자연스러운 거예요. 그 마음이 무언가 해내겠다는 성취감과 희열을 끌어낼 수도 있고요. 반대로 과하면 자신을 깎아내리며 부정적인 영향을 낳을 때도 있기에 꼭 말씀드려요. 적어도 요가 매트 위에서는 비교하지 않았으면 좋겠다고요.

이야기마다 존중이 배어 있어요. 모두 경험에서 비롯된 말처럼 들리고요.

저도 매번 그렇거든요(웃음). 마치 제가 모든 부정적인 생각에서 자유로운 사람처럼 보일 수 있는데 전혀 아니에요. 이런 맞는 말들, 재미없는 말들은 다 저한테 하는 이야기이기도 해요. 까먹고 싶지 않아서 계속 밖으로 꺼내두는 거죠.

그러고 보니 요가는 '수련'이라고 표현하잖아요. 이유를 고민해 본 적 있어요?

처음에는 무심코 사용했는데 가끔씩 이런 질문을 듣게 되니 생각해 보게 되더라고요. 요가는 운동의 하위 카테고리라고 하기엔 어려운 것 같아요. 물론 운동과 겹치는 부분이 있죠. 요가에서 몸을 움직인다는 건 체조에 뿌리를 두는 거라, 특정한 신체 부위의 근력을 강화하면서 능력이 향상되고 개운한 느낌을 받잖아요. 그런 것과 더불어 요가는 나의 정신과 감정, 마음처럼 눈에 바로 보이지는 않지만 우리를 둘러싼 것에 대해 질문하고 관찰하는 작업이에요. 몸과 연결되어 있는 생각을 응시하도록 끊임없이 주문하고 그 주문에 응하기 때문에 수련이라는 표현을 쓰지 않을까 생각해요.

단순히 가르침을 받아 익히는 것과는 또 다른 요가만의 요소네요. 기억에 남는 수련이 있을지 궁금해져요.

음, '시르사아사나Sirsasana'가 떠올라요. 머리를 바닥에 대고 몸을 곧게 세우는 건데 아사나의 왕이라고도 불러요. 한창 요가에 대해 궁금한 게 많던 때라 시르사아사나의 평온한 상태는 어떨지 느껴보고 싶었어요. 집에서 틈날 때마다 한 번 해보고 또 해보고… 꽤 시간이 걸렸죠. 그런데 어느 날 갑자기 선물처럼 그 자세가 되더라고요. 너무 기쁘고 뿌듯한데, 순간 '이다음은 뭐지?' 싶었어요. 해내고 싶은 마음이 크다 보니까 뭔가 반짝반짝 빛나는 무언가가 저에게 다가올 거라고 기대했나 봐요. 그때

요가에 이렇게 접근하는 방식은 조금 위험하겠다고
깨달았죠.

성취가 목적이 되어서는 안 된다는 뜻인가요?
앞서 수련의 의미와도 연결되는 이야기 같은데요. 요가는
하나의 산을 올라봤다고 해서 더 높은 산, 더 험준한 산을
찾아가는 게 아니라 매일 같은 산을 오르내리는 것과
비슷해요. 누군가는 똑같은 일을 뭐 하러 반복하냐고 말할
테지만 산에서 바라보는 풍경과 머무르는 장소, 산행에
임하는 내가 매일 달라지죠. 미세한 변화와 감정을 느끼는
것이기 때문에 맹목적인 성취로는 흥미를 잃기 쉬워요.

**다시 요가소년의 탄생으로 돌아가 볼게요. 요가와 무척
가까워졌을 즈음, 미국에서의 일상이 시작됐죠.**
그때 저는 집 발코니 한편 별 잘 드는 곳에다가 매트를
펼치고 요가 수련하는 걸 정말 좋아했어요. 누가 시키지
않아도 많은 시간을 쏟다 보니 다른 이들에게 안내해 봐도
좋겠다는 마음으로 유튜브를 시작했죠. 당시에 유튜브는
창작자에게 주어진 '디폴트값'이었어요.

**무엇보다 이름 짓는 게 가장 고민될 것 같아요. 나에게
불러주길 바라는 이름을 스스로 정해야 하잖아요.**
맞아요. 간판 같은 거니까요. 처음 생각한 건
'하우즈요가두잉How's Yoga Doin''이었어요.

아…!
전혀 와닿지 않는 얼굴이시네요(웃음). 제가 요가를
하도 좋아하다 보니, 아내와 통화하던 친구가 저에게
안부를 물을 때 "지훈이는 뭐 해?"가 아니라 "How Is
Yoga Doing?"이라고 말하는 게 재밌었거든요. 사연을
아는 사람은 재밌지만 아무도 그 사연을 모르니 이름을
바꿔야겠다고 생각했어요.

그렇게 나온 게 요가소년이군요!
하루는 나들이를 마치고 집에 돌아가는데, 아내가
꾀죄죄한 제 모습을 보면서 이러더라고요. "너 지금 딱
시골 소년 같아." 그 표현이 순간 마음에 와닿았어요.
요가를 좋아하는 시골 소년에서 가운데 말들을 빼고
'요가소년'이 된 거죠. 물론 소년이라는 단어에 의아함을
가지시는 분들도 있는데 당시에 재주소년, 커피소년처럼
다양한 소년들이 있었어요(웃음).

**마음만은 언제나 소년소녀니까요(웃음). 요가소년의
콘텐츠는 언제나 참 듣기 편안해요. 세세하고 다정하게
설명해 주고요.**
저와 함께 수련하시는 분들이 다치지 않길 바라거든요.
또 동작을 수행하는 내내 영상을 바라보면 안 된다고
생각해요. 시선도 요가의 요소 중 하나라 자세마다 시선을
발끝과 손끝, 코끝, 배꼽 등 어디에 두어야 하는지 정해져
있어요. 어떤 자세를 취했는데 부자연스럽게 화면을

보는 것만으로도 무리가 갈 수 있죠. 영상에서도 자주 말씀드리는데, 들려오는 소리에만 집중해서 수행해 달라고 해요. 그러기 위해선 최대한 쉬운 말로 촘촘하게 설명하는 게 좋겠다고 생각했고요. 오디오가 꽉 차 있는 듯한 느낌을 받을 수도 있지만 안전하게 수행하기 위해서는 꼭 필요해요.

듣는 이를 위한 선택이었네요. 콘텐츠 촬영은 주기적으로 하세요?
사실 조명을 다룰 줄 몰라서 집 안에서 자연광이 비출 때만 촬영하거든요. 날씨 앱 여러 개로 한 달 동안 언제가 맑은지, 몇 시에 해가 들어오는지 살펴보고서 날을 정해요. 당일에 흐려진다면 어쩔 수 없이 바꾸고요.

2017년 겨울부터 시작해서 구독자들과 활발히 소통하시잖아요. 거기에서 얻는 힘이 큰가 봐요.
정말 너무너무 큰 힘이 되고 있고, 언제나 감사함을 아끼지 않고 표현하려고 해요. 아까 수업 마치고 누군가가 꾸준하게 활동하는 원동력이 무엇인지 물었는데, 이 자리에 함께 계신 분들의 따뜻한 마음이라고 답했어요. 보내주시는 응원과 사연들을 보면서 매 순간 '내가 잘 살아가고 있구나.' 생각하게 되죠.

그러고 보니 온라인뿐 아니라 오프라인 공간에서도 구독자들과 만나시네요.

요가원에서 요가를 접했기 때문에 같은 시공간에서 에너지를 나누는 것의 즐거움을 잘 알고 있어요. 그래서 더욱 요가소년이라는 유튜브 채널을 통해서 경험하는 분들에게 책임감을 갖게 돼요. 영상 속에서 많은 이야기를 드리긴 합니다만, 실제로 만나 수행하는 건 쉬이 표현할 수 없는 에너지가 있거든요. 우리가 요가를 하는 건 단순히 나만 힘을 기르기 위해서가 아니잖아요. 공동체 속에서 교감하고 눈을 마주치고 악수하고 호응을 하고, 결국 이런 감각을 얻고 싶기 때문 아닐까요? 내년에는 서울이 아니라 다양한 지역에서 요가를 안내하고 싶은 바람이 있어요.

지훈 씨는 자신에게 좋은 걸 혼자 즐기는 것보다 남과 공유하길 바라는 것 같아요. 그야말로 '안내자'처럼요.
그런가 봐요. 제가 좋아하는 걸 좋아하는 사람들이랑 나누고 싶은 마음이 커요. 너도 이걸 좋아해 줘, 말하는 게 아니라 서로의 경험과 감각을 공유하면서 대화도 나누고 미처 몰랐던 걸 얻는 거죠. 그때 기쁨을 느끼고 제 우주가 더욱 커지는 기분이에요. 그렇게 쭉 살아왔으니 아마 앞으로도 그럴 것 같아요.

지훈 씨만의 요가 루틴이 있을 텐데요. 하루 중 주로 언제 하세요?
공복 상태인 아침에 하려고 해요. 몸의 현재 상태와 감각이 강하게 느껴지는 때거든요. 일어나자마자 환기를 하고 차나 커피를 내려 마셔요. 매트는 역시 볕이 잘 들어오는

방향에 깔아두고요(웃음). 음료를 다 마셨다면 매트 위에 올라서서 편안한 자세를 취해요. 누워 있을 때도 있고, 앉아 있을 때도 있고, 무릎 꿇고 있을 때도 있고, 특정한 아사나를 할 때도 있어요. 그러고 잠시 머물러요. 가만히 있으면서 잠깐 느껴보는 거예요. 공기의 기운도 느껴보고요.

그리고요?
어떤 자세를 선택했을 때 다음으로 이어질 수 있는 동작은 수백 개가 있는 게 아니에요. 한 가지 선택을 하고, 거기서 뻗어 나갈 수 있는 동작들 중에서 또 하나 선택하는 식으로 시퀀스를 짜는 거예요. 제가 지금 서 있다고 예를 들면. 다음 동작으로 바로 엎드리거나 누워버리면 자연스럽게 연결이 안 되겠죠. 바로 서서 몸의 앞쪽을 풀어주는 동작을 했다면 몸의 옆면, 뒷면으로 이어져야 하는 거예요. 그런 자연스러운 흐름을 따라 동작을 이어 나가요.

나무뿌리가 뻗어 나가듯 지금과 이후의 상태가 연결되는 거네요. 그때 마음속으로는 어떤 생각을 하세요?
수련할 때 꼭 빼놓지 않는 건, 오늘 내가 요가를 왜 하는지 한 번이라도 물어보는 거예요. 답을 못 찾을 때도 많은데 어느 날은 내가 무엇 때문에 요가를 하는구나 느끼기도 해요. 만약 오늘 요가를 하고 싶지 않다면 과감하게 하지 않아요.

그렇군요. 추워서 몸이 굳어 있는 이맘때에 도움을 줄 동작이 있는지 궁금해요.
'수리야 나마스카라Surya Namaskar'가 떠올라요. 태양 경배라고도 부르는 데요. 정지된 자세가 아니라 순서에 따라 흐르는 듯 연결되는 동작들이에요. 하나의 자세를 그냥 따라 하는 것보다 흐름을 따라 움직여 보는 게 좋을 것 같아요. 한번 해볼까요?

(차분한 설명에 맞춰 함께 해본다.) 저만 그런가요? 벌써 땀이 좀 나는 것 같아요.
맞아요. 자신의 호흡 길이에 맞춰서 속도를 조절해도 좋은데요. 전신을 부드럽게 풀어주는 동작들이라 몸이 데워지고, 온몸을 열어 큰 근육 위주로 자극하는 움직임이기도 해요.

덕분에 요가에 대한 작은 경험이 생겼네요. 요가를 오전에 한다면 그 시간을 지키기 위한 노력도 하세요? 예를 들어, 아침을 위해 잠을 일찍 잔다든지….
그러고 싶은 의지는 굉장히 강한데요…. 혹시 에디터님은 밤이나 새벽에 일을 많이 하는 편인가요?

압도적으로요.
그렇다면 이해하실 텐데, 흔히 말하는 아침형 인간이 되기 쉽지 않더라고요(웃음). 오전에 일하고 일찍 하루를 마무리하고 싶은데 바람대로 잘 안 돼요. 깨어 있는 시간을 말똥말똥 보내기 위해서, 일이 늦게 끝났다면 충분히 자고 일어나요. 조금 핑계 같나요?

(웃음) 늦잠꾸러기들의 핑계 같지만 공감해요. 오랫동안 해온 요가가 삶의 방식에는 어떤 영향을 주었어요?
기본적인 행위부터 생각을 많이 하게 됐달까요. 음식을 먹는다고 할 때 예전에는 배고프니까 먹고, 맛있어 보였으니까 먹었거든요. 지금은 음식이 내 몸 안으로 들어오고 뻗어 나가는 걸 생각하면서 무얼 먹는지부터 중요해졌어요. 누구와 함께 어떤 기분으로 먹는지도요. 자는 것도 마찬가지예요. 하루에 꽤 많은 시간을 잠자리에서 보내게 되는데, 어떤 행동과 마음가짐이 그 시간을 평화롭게 만들지 고민해요. 어떤 컨디션의 침구가 편안한지, 언제 잠을 청하는 게 좋은지 하나씩 알아가는 거죠.

익숙하던 행동도 한 번 더 짚고 넘어가네요.
삶을 살아가는 데 있어서 조금 까다로워진 것 같긴 해요. 까다로워지면 피곤해지는 거 아닌지 궁금할 텐데 저는 그렇지 않아요. 그게 내가 나를 아끼는 방식이거든요. 저한테 요가는 그간 모른 척했던, 괜찮다고 넘어가 버렸던 나에 대해서 계속 가까이 가보는 작업이에요. 진정으로 자신을 아끼게 되니 좀더 밝아지고 자신감을 갖게 되었어요.

내가 나를 지지해 주는 거군요.
요가가 저에게 준 의미다 보니 잘 말하고 싶은데요. (잠시 고민한다.) 내가 나한테 많이 기대게 되었어요. 조금 힘들어도 나를 잘 보살피고 달래줄 수 있다는 믿음과 경험이 쌓였어요. 저도 사람이니까, 해낼 수 있는 것 이상의 일을 수행해야 할 때는 지치고 번아웃이 와요. 많이 먹으면 배탈 나는 것처럼요. 그래도 내가 지금 지친 상태라는 걸 알 수 있고, 괜찮다고 지지해 줄 수 있어요. 불안한 마음, 두려운 마음이 찾아오는 건 당연한데 그 크기가 조금씩 줄어드는 거죠. 나이를 먹으면서 자연스럽게 얻게 되는 것일 수도 있으려나요?

그럴 지도 모르지만, 언제나 내가 나를 온 힘으로 믿어준다면 어떤 것도 무섭지 않을 것 같아요. 평소에 요가 이외에는 뭘 하며 보내세요?
요즘 가장 푹 빠져 있는 건 올해 초 아내와 함께 시작한 '볼더링Bouldering'이에요. 암벽 등반의 한 종류인데 바닥에는 푹신한 매트를 깔아둔 채로 줄을 매달지 않고 3-4미터 정도의 높이를 오르는 거예요.

어떤 계기로 시작하게 됐어요?
제가 아내에게 뭘 챙겨주는 걸 잘 못해요. 밸런타인데이에 초콜릿 슬쩍 건네고 이런 것들요. 그냥 밸런타인데이 데이트처럼 함께 볼더링 하러 가자고 했어요. 해보니까 정말 재밌어서 수업 마치고 맥주 한 잔씩 하면서 기념했어요.

가만 보니 지훈 씨의 안내자는 아내분인 것 같아요. 요가로도 볼더링으로도, 지훈 씨를 계속 다양한 세계로 끌어주고 계신데요?
사실 이 대화도 아내가 하라고 했어요(웃음). 볼더링은 아내 표현으로 어릴 때 놀이터나 학교 운동장에서 흙먼지에 진흙 막 묻히면서 놀던 때랑 비슷하대요. 초크 때문에 손이 엉망진창 되는데도 하나도 때 묻지 않았던 그때 뛰어노는 느낌이 든다고요.

지훈 씨도 같은 생각이었나요?
맞아요. 나름 익스트림 스포츠라 위험하기도 하고 몰입하지 않으면 다칠 수 있어요. 그 말인즉슨 그 시간만큼은 다른 생각이 들어올 겨를이 없는 거예요. 요가를 처음에 많이 좋아하게 됐던 이유 중 하나도 저한텐 그게 익스트림 스포츠였기 때문이에요. 요가 자세를 수행하는 동안에는 노력하지 않아도 그거 말고 다른 생각을 할 수 없거든요. 이외에는 이전에 즐겨 하던 달리기를 아내와 함께 다시 해보면서 일상을 보내고 있네요.

활기차고 즐거운 나날이겠어요. 두 분이 함께하니 더 재미있는 것일 수도 있고요.
누군가 저에게 소원이 무엇인지 묻는다면, 제가 사랑하는 사람과 사랑하면서 살아가고 싶다는 게 떠올라요. 나는 왜 살까, 나는 왜 열심히 일하지? 난 요가를 왜 열심히 하고 돈을 벌지? 난 왜 여기서 밥을 먹고 잠을 자고 있지? 이렇게 꼬리를 무는 생각 끝에 내가 원하는 걸 곱씹어 보면 그 답은 제가 아내를 몹시 사랑하고, 사랑하면서 살아가는 게 잘 사는 거라는 확신이 있기 때문 같아요. 조금 부끄럽지만요(웃음).

저도 모르게 흐뭇해지는데요(웃음). 여러 스포츠를 즐기고 있지만 단순히 운동이 목적은 아닌 것 같아요.
달리기를 했을 때 느끼는 효능감이 여러 가지겠지만, 겉모습이 좋아지는 건 별로 크게 중요하지 않고요. 심장

박동이 세차게 뛰는 느낌이 좋아요. 우리가 계속 산화되어 가고 나이를 먹어가지만, 조금 힘겨워지는 상황에서 몸이 단번에 고장 나거나 전혀 해내지 못하는 상태가 아니라는 안도감이랄까요? 아직 살아 있구나, 내 심장이 이렇게 건강하게 뛰고 있구나 싶어요. 힘듦이 좋다는 건 아니고요. 그리고 스포츠를 즐기는 공간에 가보면 수많은 사람이 모여 있어요. 참여하는 사람뿐 아니라 응원하는 어린아이들도요. 긍정적이고 건강한 에너지가 가득 차 있어서 그 공간에 머무는 것만으로도 자기 효능감이 들어요. 물론 가만히 쉬는 것도 정말 좋아해요.

한 가지 상상을 해볼게요. 일도 요가도, 이런 인터뷰나 촬영도 하다못해 병원 예약 같은 것도 없는 하루가 주어진다면 무얼 하고 싶어요?
길게 걸어보고 싶은데요. 하루에 다섯 시간 정도는 걸을 수 있을 것 같아요. 예전부터 늘 해보고 싶은 것 중에 하나가 한강 끝에서부터 끝까지 걸어보는 거였거든요. 대신 하루로는 좀 부족하겠어요(웃음).

마지막 질문만 남았네요. 지훈 씨의 현재 상태는 어떤가요?
오랜만에 장시간 비행을 거쳐 한국에 왔는데요. 몸과 마음에 피로가 쌓였다 보니 이곳에서 만나는 분들에게 안 좋은 영향이 닿지 않을까 근심이 컸어요. 그런데 이전 수업에서도, 지금의 대화에서도 직접 눈 마주치며 시간과 마음을 나누다 보니 무겁던 걱정이 회복되었어요. 다행이에요. 이런 모습도 완전히 솔직한 저니까요.

대화를 마친 후였다. 마음 속 단단한 심지가 부러워 나도 열심히 살아야겠다고 하니 그가 말한다. "지금도 충분해요. 모든 삶은 열심인걸요." 어떠한 단어와 문장을 꺼내둘 때 쉽사리 경계를 나누지 않는 사람, 군더더기 없는 마음을 자연스레 꺼내 보여주는 사람. 요가소년 한지훈은 질척이는 땅에 서 있는 사람들에게 제대로 딛을 수 있는 마른 땅을 안내하는 사람이다. 바깥을 헤매던 마음은 그의 이야기를 따라 우리의 안으로, 안으로 향한다.

With All My Heart
뭉근한 사랑의 몸짓

가족 이슬아·이훤·이찬희

에디터 이주연
포토그래퍼 Hae Ran

입김이 살짝 보이는 차가운 날씨다. 바람이 불면 몸을 옹송그리는 날씨에 '헤엄
출판사'와 '작업실 두 눈'이란 명패가 붙은 집의 문을 연다. 마당에 살짝 내리쬐는
볕뉘가 참 예쁘다 생각하면서 문고리에 손을 가져다 댔을 때, 닫힌 문이 활짝 열렸다.
그 사이로 해사하게 웃는 슬아와 그 뒤로 빼꼼 얼굴을 내민 흰이 보인다. 뒤이어 도착한
찬희가 한자리에 모이자 가장 먼저 오간 건 안부, 그다음엔 웃음. 모두의 웃음은 곡선을
그리며 집 안을 메웠고 웃음소리에도 움직임이 있다는 걸 그때 알았다. 웃음을 따라
들썩이는 어깨와 얼굴, 가끔씩 치는 손뼉 같은 것이 퍽 다정하다. 어떤 움직임은 이토록
유하고 따뜻하다. 그윽하게 피어나는 가족의 그것을 사랑의 몸짓이라 불러보기로 한다.

이슬아 산문가·소설가·각본가, '헤엄 출판사' 대표, 이훤의 배우자이자 이찬희의 누나.
이훤 시인, 사진가, 사진 스튜디오 '작업실 두 눈' 운영자, 이슬아의 배우자이자 이찬희의 매형.
이찬희 밴드 '차세대'의 보컬·기타리스트, 이슬아의 동생이자 이훤의 처남.

순수하게 어떤 움직임을 정말 아름답다고 느낄 때도 있어.
걷는 것만 봐도 울 것 같은 사람이 있거든.

날씨가 부쩍 추워져서 그런지 이 집 진짜 따뜻하다. 들어오면서 창으로 훤이 상체가 살짝 보이는데 엄청 반갑더라.
슬아 오르막길이라 오는 데 힘들었지? 요즘은 좀 바빠서 친구들도 일할 때야 겨우 만나는 것 같아. 그래도 이렇게라도 보니까 다행이다 싶어.
훤 집에서 만나니까 더 반가워(웃음). 커피랑 차 내려줄게. 잠깐 몸 좀 녹이고 있어.

아, 이런 분위기에선 존댓말 못 하겠어(웃음). 우리 오늘 편하게 얘기할까?
슬아 난 좋아. 이렇게 셋이 인터뷰하긴 처음이라 기대돼. 사실 질문지도 낱낱이 숙지하진 않고 읽어만 봤어.
훤 자연스럽게 이야기하고 싶어서(웃음).
찬희 나도 그래. 살짝만 봤는데 다정한 느낌이어서 좋더라.

좋아. 우선 슬아랑 훤이 결혼 축하해! 이젠 슬아, 훤, 찬희 모두 제도가 인정하는 가족이 된 거네. 가족은 가장 가까운 사람이면서도 친구보다 날 더 모른다고 느낄 때도 있잖아. 서로 소개해 보는 것도 재미있을 것 같아.
슬아 앉은 방향으로 해볼까? 찬희가 훤이를, 훤이 나를, 내가 찬희를.
찬희 훤이 형 본명이 진우잖아. 진우라고 부르는 사람이 있고, 훤이라고 부르는 사람들이 있는데 나는 외자 이름을 좋아해서 훤이 형이라고 부르고 있어. 나는 작업자로서의 훤이 형도 그렇지만 사람으로서 훤이 형이 좋아. 몇 번 셋이 같이 무대에 오를 일이 있었는데, 그때 형이랑 연주도 같이 했거든. 난 누군가와 함께 연주하는 게 사람을 아는 데 큰 도움이 된다고 생각해. 만약 형이 전혀 모르는 사람이고 길에서 우연히 만났더라면 큰 키랑 반듯한 용모 때문에 어른 같다고 생각했을 거야. 근데 형이랑 이야기해

보고 연주까지 해보니까 이 사람은 소년이란 느낌이 확 들더라고. 나이가 어린 것과 소년은 좀 다른 것 같아. 소년은 하나의 물성 같지 않아? 형을 보면 걱정이 없다는 느낌, 걱정 없이 살아온 사람 같단 느낌이 있어. 모자람 없이 살았는데 티 안 나는 스타일(웃음).
훤 찬희한테 소개를 듣는 거 되게 새롭다(웃음). 그럼 내가 슬아를 소개해 볼게. 바깥에서의 슬아는 무너지지 않고 혼자 의연하게 가녀장이 된 것처럼 보이지만, 집에서의 슬아는 자주 취약해. 정확히는 집에서만 취약해. 물론 그건 나도 마찬가지야. 우리 둘 모두 가장 편히 대할 수 있는 자리가 집이라서 그런가 봐. 아, 그리고 슬아는 주변 친구들한테 마음을 많이 써. 그러니까 사실은 강한 사람이기도 한 거지. 한 가지 더 이야기해 보자면 꼼꼼해서 모든 걸 보고 있는 사람이야. 작업할 때뿐 아니라 생활할 때도 그래. 이번 주에 강연 세 개가 있고, 이비인후과에 가야 하고, 왁싱숍도 가고, 새 책 출간한 친구들의 홍보와 마음을 살피는 일정이 있다고 쳐봐. 나라면 분명히 놓치는 부분이 있을 텐데 슬아는 모든 걸 보고 있어. 캘린더에 처음부터 끝까지 전부 정리해 놓기 때문에 웬만하면 틀어지지 않지. 생활과 작업 두 가지를 동시에 잘하는 선수 같아. 마라톤과 단거리 동시에 뛰며 선두에 있는 느낌이랄까.
슬아 훤이가 방금 나를 "모든 걸 보고 있다."고 소개했는데, 찬희가 그런 점에선 나랑 닮은 것 같아. 찬희는 멀티태스커야. 언제나 여러 일을 동시에 해. 그래서 곤두서 있을 때가 많지. 동시에 뭔가를 많이 생각하니까 정신적으로 압박이 생길 수밖에 없어. 그런 점에서 찬희도, 나도 일종의 강박을 공유하고 있어. 근데 그런 나한텐 훤이가 일종의 이완제 역할을 해주거든. 훤이가 없으면 나는 쉴 새 없이 굴러가. 내 정신 상태는, 오르막길에서 내려가는 카트 같아. 생각도, 일도 멈출 수가 없는 거지.

나는 찬희도 그런 사람이라고 생각해. 찬희는 뭐로
이완할까 걱정될 때도 있어. 근데 찬희의 이런 성향은
확실히 재주 때문에 그런 것 같아. 찬희와 나는 어린
시절을 함께 보내면서 야망을 공유한 사이잖아. 야망이
있는 사람과 없는 사람은 인생의 피로도가 너무 다르거든.
재주가 뛰어나면 피곤할 수밖에 없어.
찬희 누나한테 휜이 형이 이완제라면 나한테는 먹는 게
그래. 처방 받은 약의 도움도 받고 커피로도 다스리지.
약 먹을 때와 먹지 않을 때는 확실히 달라. 아예 먹지 않는
단식도 도움이 되고. 아, 완벽한 이완제가 하나 있다, 만화.
1권을 보면 재미가 있든 없든 끝까지 봐야 하는 성격이라
완독한 만화가 진짜 많아. 어릴 때부터 만화는 달고
살았어. 그 덕분에 굴러가는 카트도 가끔 멈출 수 있는 것
같아.

이번 호 주제어가 움직임이자 운동이거든. 그때
머릿속에 딱 떠오른 게 슬아랑 휜의 결혼식이었어. 슬아의
엄마인 복희가 훌라를 췄잖아. 생각해 보면 슬아의 아빠인
웅이도 프리다이버로 활동하고 계시고. 다섯 명을 모두
만나면 재미있겠단 생각으로 기획한 건데, 핵심 인물
두 분이 빠졌어(웃음). 그렇다고 해서 세 사람이 움직임과
거리가 멀진 않은 것 같아. 오늘 어떤 이야기를 해볼 수
있을까?
휜 우선, 나는 사진가로 일할 때의 움직임에 관해 생각해
봤어. 작업 성격에 따라 속도나 보폭이 달라지거든. 지금

떠오르는 건 인터뷰 촬영 현장이야. 인터뷰 안에서는
사진도 시각 언어이기 때문에 텍스트만큼 중요하잖아.
그런데도 보조 언어처럼 여겨지는 분위기가 있어서 좀
안타까워. 그러나 주변에서 어떻게 받아들이든 현장에선
주인처럼 일해야 한다고 생각해. 좋은 주인이 되려면
현장에서 사진가가 자신의 존재를 잘 숨기는 게 중요한 것
같아. 인터뷰이가, 피사체가 사진가의 존재를 거의 느끼지
못하거나 충분히 편안해지도록 모시는 게 좋은 주인이
되는 방법일 거야. 사진가의 움직임 중 하나는 사라지는
것, 희미해지는 것에 가까운 게 아닐까 싶어.
슬아 휜이랑 작업할 때 이런 부분이 좋았어. 좋은
사진가는, 음… 영혼이 겸손하다고 해야 하나? 자신이
돋보이려는 마음이 적어. 지금은 네가 절친이라 편하게
촬영하고 이야기하지만 인터뷰라는 건 사실 긴장되는
자리잖아. 거기에 카메라까지 대동하면 인터뷰이가 조금
위축될 수 있단 말이야. 카메라는 권력이고 시선 자체가
폭력적이라고 느껴지기도 해. 나 또한 카메라가 가까이
오면 무기 같다고 느낄 때가 있거든. 그러니까 존재감을 싹
지우고 인터뷰이를 모시는 사진가는 믿음직스럽고 좋은
일꾼이 되는 거지.
휜 한 사람이 다른 사람을 일방적으로 주시하게 되는
구도이기 때문에 사진을 찍는다는 건 구조적으로 균형이
많이 기울어져 있어. 그래서 최대한 뒤로 숨으면서
자연스럽게 현장을 이끄는 게 중요하지.
찬희 나는 '움직임을 본다'는 행위가 뭔가를 고를 때
중요한 요소가 된다고 생각해. 특히 나한테 시각적인
요소는 하나의 기준이자 잣대여서 사소한 움직임까지
유심히 보는 편이야. 이것도 일종의 강박일까? 누군가의
걸음걸이, 젓가락질, 아주 작은 행동까지 전부 살피게
되거든. 그러면서 역으로 나도 누군가에게 보일 수 있는
존재라고 인지하게 되지. 뭔가를 보고, 보이는 걸로
판단하는 건 선택과 소거가 가능해지는 일 같아.

흥미로워. 좀 더 얘기해 줘.
찬희 예를 들어서 밴드 라이브 무대를 볼 때 말이야, 나는
음악을 다 꺼버려도 된다고 생각해. 보는 행위가 남아
있으니까 그것만으로 무대가 좋은지 나쁜지 판단할 수
있을 것 같아. 시각적으로만 판단하더라도 좋은 움직임을
보이는 밴드는 높은 확률로 음악도 좋을 거야. 만약…
움직임만 좋고 음악이 별로여도 사실 상관없지 않을까?
이건 쇼잖아. 그래서 나도 내 움직임을 항상 곰곰이
생각해. 확실히 보는 건 좋은 체망이 되어주는 것 같아.
움직임만 보고도 좋다, 나쁘다를 가늠할 수 있으니까.
휜 시선을 체로 쓴다는 말이 재미있어.
찬희 체로 거르지 않고도 순수하게 어떤 움직임을 정말

아름답다고 느낄 때도 있어. 걷는 것만 봐도 울 것 같은 사람이 있거든. 근데 반대로 걷는 것만으로도 때리고 싶은 사람도 있어(웃음). 사실 나는 혼자 밥 먹다가도 눈물이 날 것 같을 때가 있어. 삼인칭의 시선으로 나를 내려다본다고 생각하면 움직임 하나하나가 짠한 느낌이 들거든. 그래서 움직임이라는 건 계속 신경 써야 하는 요소 같아. 더 제대로, 잘 움직이기 위해 정진해야 할 것 같고.

훤 그런 한편, 들키는 것이기도 하잖아. 통제할 수 없는 부분이 있으니까. 아까 슬아가 좋은 사진가는 영혼이 겸손하다고 했잖아. 그것도 평소 움직임과 관련된다고 생각해. 평소에 누군가를 존중하지 않는 사람이 사진기를 든다고 해서 갑자기 겸손해질 수는 없는 거니까.

인터뷰 현장이 아닌 곳에서의 움직임도 궁금해. 나는 동료 사진가를 보면서 피사체는 가만히 두고 계속 '움직이는' 사람이라고 생각했거든. 근데 슬아는 훤을 보고 '멈춘다'고 이야기하더라고. 훤은 이런 문장을 쓴 적이 있지. "찍는 건 본다는 것을 전제한다. 보기 위해선 어떤 식으로든 멈추어야 하고, 멈출 때 우리는 그 대상을 응시할 시간을 번다. 동시에 필연적으로 멀어진다. 사진은 이 모든 경과를 포괄한다." 결국 움직이고 멈추는 모든 게 사진가의 움직임이 아닐까 싶어.

훤 완전 맞아. 그리고 협업할 때와 개인 작업할 때의 움직임은 확실히 달라. 협업할 때의 내가 사라지는 사람이라면 개인 작업자로서의 나는 움직임이 많고,

빠르고, 분주해져. 대상을 놓치면 안 되기 때문에 다른 걸 못 보게 되기도 해. 어디에 몰두하고 있느냐가 분명해지지. 그 작업이 나에게 얼마큼 중요하느냐에 따라 움직임이 달라지기도 하고. 어떤 순간엔 체망에서 선별할 시간마저 없거든. 지난 10년 동안 전시하고 발표한 시리즈들 보면 사진이 대체로 고요해 보이잖아. 정적이고. 사실은 재빨랐기 때문에 찍힌 이미지들도 많아.

찬희 나는 그럴 때의 움직임이 제일 멋있다고 생각해. 체망이 필요 없을 때. 한번은 훤이 형이 차세대 멤버들이랑 슬아를 촬영할 일이 있었는데 형의 디렉팅이 너무 좋아서 우리가 형이 말하는 대로 군말 없이 움직였어. "이리 모여!" 하면 형이 가리킨 방향으로 움직이고, "이쪽으로 와!" 하면 생각도 안 하고 다 그쪽으로 가는 거야. 한번은 드러누워서 카메라를 위로 올리고 여기 붙으래. 그런 이상한 움직임도 하라니까 빨려 들어가서 하게 되더라고. 집에 와서 돌이켜 보니까 체망에 거를 새도 없이 우릴 움직인 형이 너무 멋있는 거야. 시선이 체망이 된다는 건, 사실 본능적으로 느끼는 멋진 움직임 다음 단계 이야기 같아. 의식하기 전에 알게 되는 근사한 움직임이라는 게 있잖아.

앞서 찬희가 말한 "걷는 것만 봐도 울 것 같은 사람"도 그런 거겠지? 기억에 남는 아름다운 움직임 얘기도 궁금해.

슬아 지금 바로 생각나는 건 작년에 본 장기하 〈공중부양〉 공연이야. 내 친구들인 무용수 윤대란과 가수 장기하가 같이 공연했는데 그 공연의 핵심은 움직임이라고 느꼈어. 독특한 기획이었는데, 윤대란이 먼저 장기하의 평소 생활 모습을 관찰했대. 집에서 일상적으로 밥 먹고, 생활하고, 움직이는 걸 수집한 거지. 그러고는 장기하의 일상적인 움직임을 분석해. 그걸 안무로 짜서 같이 연습하고 무대에 올리는 거야. 윤대란도 굉장히 유명하고 뛰어난 무용수인데 이 공연에서는 얼굴을 가리고 장기하의 그림자처럼 똑같이 움직여. 그게 엄청나게 감동적이더라고. 장기하가 거기서 해야 할 일은 온전히 자기처럼 걷는 거였어. 연극하는 사람들은 걷는 연습부터 다시 시작한다는 말 있잖아, 그런 경험을 거친 거지. 이 공연을 보면서 나다운 움직임은 진짜 어려운 일이란 걸 알았어.

훤 나도 그 공연을 같이 봤는데 윤대란이 장기하랑 정말 똑같이 움직였거든. 얼마큼 연습해야 저렇게까지 모사할 수 있을까 싶더라고. 우린 타인의 움직임을 그렇게까지 세밀하게 주시하지 않잖아. 혼자 있을 때의 움직임을 누군가가 연구하고 연습해서 타인처럼 움직인다는 데서 오는 뭉클함이 있었어.

찬희 계속 떠오르는 장면이 있는데, 이 얘길 하려면 영화 이야기를 먼저 해야 할 것 같아. 최근에 〈블루 자이언트〉(2023)라는 극장 애니메이션을 봤거든. 이거 진짜 명작이야. 난 한 번도 영화관에서 두 번 본 영화가 없는데 〈블루 자이언트〉는 또 보게 되더라고. 나는 잘 안 우는 사람이어서 나한테 눈물이란 울음을 참는 지점까지거든. 근데 〈블루 자이언트〉는 볼 때마다 오열했어. 두 번째는 차세대 멤버들이랑 봤는데 얘들도 오열하더라. 다 같이 얼굴이 엉망이 될 정도로 울었지. 그러고 나서 영화관을 나왔는데, 내가 맨 뒤에서 걸었거든. 너무 많이 울면 어지러워서 휘청거리게 되잖아. 같은 감동을 공유한 멤버들이 비틀거리면서 걷는데… 그게 진짜 아름다운 움직임으로 느껴졌어.

아, 방금 이야기 너무 좋다. 계속 생각날 것 같아. 사실 오늘 인터뷰가 복희의 훌라로 기획됐다고 했잖아. 복희는 없지만 그날 이야기도 해보고 싶어. 엄마가 딸의 결혼식에서 훌라를 추는 모습은 내가 이전엔 본 적 없는 아름다운 장면이었어.
슬아 엄마는 유명해지는 걸 꺼려서 매체에 노출되는 걸 좋아하지 않아. 복희가 처음이자 마지막으로 참여한 인터뷰가 네가 한 2019년 《AROUND》였지(웃음). 엄마는 유명세를 겪어야만 성공하는 직종에 우리가 종사하는 것도 좀 가여워하시거든. 그렇게나 조용히 살고 싶은 사람이라 아무리 딸 결혼식이라고 해도 훌라도 안 추고 싶다고 했어. 일주일에 한 번씩 작은 교습소에서 배울 뿐이라고 하시면서. 근데 나는 엄마가 내 결혼식에서 훌라를 춰주면 너무 좋을 것 같았어. 몇 달간 설득해서 겨우 수락받았지. 그 이후로 엄마가 결혼식 날까지 몇십 번씩 혼자 연습하시더라고. 출 때마다 눈물이 나더래. 그래서 울지 않을 수 있을 때까지 계속 연습했다더라고.

울지 않을 때까지 연습하는 모습을 상상하니까 내가 다 눈물 날 것 같아. 아버지 웅이 얘기도 해보고 싶어. 프리다이버로 살아오신 게 아니라 50대에 새 직업을 가지신 거잖아. 엄청난 용기와 노력이 필요했을 것 같아.
찬희 아빠는 나랑 누나를 키우기 위해 직업을 정말 많이 바꿨지. 막노동을 오래 하셨고 행사용품 렌털업도 긴 시간 해오셨어. 아빠는 여러 일을 많이 해온 만큼 많이 벌었지만, 어딘지 모르게 좀 어두웠어. 아마 여유와 자유의 문제였을 거야. 나도 아빠랑 같이 막노동을 해왔는데 난 주말에 공연하면서 일할 때 쌓인 스트레스나 힘듦을 해소했거든. 근데 아빠는 쉴 때 OTT 보는 게 전부인 거야. 그 시간이 지나면 다시 일하러 나가야 하고. 일 때문에 5분에 한 번꼴로 전화를 받곤 했는데

전화벨이 울릴 때마다 아빠가 나이 들고 있단 생각이 들더라고. 그러다 어느 날엔가, 아빠가 차세대 멤버들을 보면서 "이 친구들처럼 살고 싶었어."라고 말한 적이 있어. 그때 아빠한테 어떤 결심이 선 것 같아. 진짜 하고 싶은 일을 찾아야겠다 생각하신 게 아닐까 싶어. 그렇게 선택한 게 프리다이버야. 지금은 전보다 더 바빠지신 것 같지만 아빠는 점점 더 멋있어지고 있어. 아빠 눈이 점점 투명해지고, 모습 또한 순수한 소년이 되어가는 것 같아. 지금에서야 진짜 '나'처럼 보인달까. 난 아빠가 하고 싶은 일에 도전했다는 것도, 그게 몸 쓰는 일인 것도 좋아. 심지어 엄청 잘하시는 것 같더라고.

대단한 일이야. 아무래도 나이가 들수록 몸 움직이는 게 힘들어지잖아.
훤 정말 그래. 그날 복희와 웅이의 움직임을 보면서 흥미롭다고 생각한 지점이 있어. 일단, 복희가 하는 훌라는 움직임이 그렇게까지 크거나 격하지 않아. 물론 팔을 곡선으로 만들고 골반을 퉁기기도 하지만 나는 그게 꽤 절제된 동작이라고 생각해. 그토록 고요한 춤인데 보고 있으면 이상하게 눈물이 나더라고. 한번은 복희가 아닌 다른 사람 훌라 공연을 본 적이 있는데 자꾸 울컥하는 거야. 꾹꾹 눌러 담은 작은 춤 동작 안에서 말하는 것들이 엄청 크게 들렸던 것 같아. 한편, 웅이가 하는 프리다이빙은 내가 볼 때 훌라보단 체력 소모가 크다고 느껴지거든. 실제로 해보진 않았지만 움직임도 크고 강한 것처럼 보여. 근데 프리다이버들 이야기를 들어보면 심해에 들어가는 게 꼭 명상 같다는 거야. 복희와 웅이를 보면서 눈으로 보이는 움직임과 내면에서 일어나는 파동은 완전히 별개란 생각이 들었어.
슬아 움직임의 영역이기도 하지만 사람 기질에 따라 달라지는 것 같기도 해. 복희와 웅이는 노래를 부르는 것도 달라. 복희는 박자를 강박적으로 생각하지 않아. 노래방에 가면 화면에 흐르는 노랫말과 부르는 부분이 약간씩 달라. 복희만의 필을 담아 엇박자로 부르는 거지. 근데 웅이는 정직한 정박이야. 나도 완전히 아빠 쪽이었는데 노력해서 이제야 엄마 쪽에 가까워졌어. 얼마 전에 아빠랑 노래방에 갔는데 확 와닿더라. 아, 내 천성은 이거지 하고(웃음). 너무나 벗어나고 싶었던 나의 정박이 아빠의 노래에 있는 거야.

노래를 부른다는 것도 사실 움직임이잖아. 몸 안에서 소리가 움직이는 일이기도 하고, 노래를 부르면서 자연스럽게 리듬을 타기도 하고. 그런 의미에서 밴드를 하는 찬희도 움직임과 연결된다고 생각해.
슬아 밖으로 알려지지 않았지만 찬희가 운동을 진짜 잘해.

청소년기 때 학교에서 씨름 제일 잘했어.

찬희 배드민턴, 스케이트 다 잘했지. 선수급으로 잘하는 건 팔씨름이랑 씨름. 거의 져본 적이 없어.

휜 찬희는 씨름 선수라고 모래판에 올려놔도 믿을 것 같아. 인상부터 기세까지(웃음).

찬희 팔씨름은 연습과 기술 연마도 꽤 본격적으로 했지. 비슷한 체급에선 다 이길 자신도 있어. 팔씨름은 국제 스포츠여서 기술도 많고 대회도 있어. 상대와는 오로지 손만 닿아 있지만 손을 딱 잡으면 느낌이 와. 이 사람한텐 이 기술을 써야겠다, 이 순간에 확 끌어당겨겠다, 하고. 한창 빠졌을 땐 처음 보는 사람한테도 "팔씨름 한판 하실래요?" 그랬어. 팔씨름은 신사적인 운동이어서 정정당당한 겨루기가 가능하거든. 가장 신사적인 부분은 마지막이지. 지건 이기건 경기가 끝나면 무조건 두 사람이 서로의 손을 '탁' 잡아. 손을 맞잡고 "좋은 승부였습니다." 하고 마치는 게 룰이야.

팔씨름에도 기술이 있는지 몰랐어.

찬희 팔씨름은 손과 팔은 물론이고 복근부터 발가락 끝까지 온 힘을 다 써야 해. 기술마다 자세도 달라지지. 우선 팔씨름을 잘하려면 연습을 많이 하는 게 중요하고 연마용 기구를 활용하는 것도 좋아. 팔 길이에 따라 연습하는 법이나 기술이 다르기 때문에 체계적으로 접근해야 해. 팔씨름은 지금도 내 피를 뜨겁게 달구는 장르야.

슬아 팔씨름은 보통 상대의 팔을 넘기는 거라고 생각하잖아. 근데 찬희 말론 그게 아니래. 내 쪽으로 상대 팔을 가져오는 거래.

찬희 파이가 작아서 그렇지 팔씨름은 생각보다 체계적이고 재미있는 스포츠야. 유튜브에도 팔씨름 영상이 꽤 있거든. 고수끼리 대결하는 거 보면 전율이 일어. 명승부 영상엔 "형님들, 개 쩌는 경기였습니다." 이런 댓글 쓸 때도 있어(웃음).

휜이는 구기 종목에 능한 것 같던데. 농구나 배드민턴 같은 거. 〈송년회〉라는 시에도 농구 얘기가 나오지. "감독석 옆에 앉더니 나에게 몰래 들어오라고 한다 / 농구에 관심 없는 나는 구두를 신고 감독 옆에 앉은 친구 옆에 앉는다 / 4쿼터가 12초 남았는데 / 그 파티에 있는 서른 명이 줄지어 경기장에 들어서는 바람에 / 경기가 중단된다 / 심판이 호루라기를 불며 큰 소리로 선언한다"

휜 배드민턴은 슬아랑 같이 할 만한 운동이 뭐가 있을까 찾아보다가 취미처럼 하는 거라면 농구는 꽤 사활을 걸고 학창시절부터 해왔어. 농구에 끌린 이유 중 하나는, 일단 농구공이 커서 보통 사람들은 공을 한 손으로 쥘

수 없다는 거야. 쉽사리 통제되지 않는 무언가를 가지고 움직인다는 데서 오는 희열이 있지. 하체를 완전 낮춘 채로 수비하고, 드리블하고, 그 공을 골대에 넣기까지 여러 번 다양하게 움직여야 하기 때문에 성취했다는 느낌이 커. 또 매력적인 건 한 골을 넣기까지 몸싸움이 되게 많거든. 생각보다 거칠고 여러 번 부딪쳐. 드리블할 때도 접촉이 많고 레이업 Lay Up(백보드에 가깝게 점프하여 공을 바스켓 위쪽에 올려놓듯 한 손으로 던지는 숏) 할 때도 수비하고 있는 상대의 몸을 느끼고 저항하면서 움직여야 하니까. 그걸 '바디 컨트롤'이라고 하는데, 이를 위해 중심 잡는 연습을 꽤나 하게 돼. 몸싸움이 많아서 부딪히고 넘어질 때도 많은데 그때 살아 있는 것 같다는 느낌이 들어. 무엇보다 팀 스포츠다 보니까 다섯 명이 한 팀으로 움직이면서 얻는 쾌감도 있어. 한 사람이 공을 계속 가지고 가면서 골을 넣는 게 아니라 서로 보냈다가 돌려받으면서 하나의 골을 만들어 가는 거야. 농구 팀이 유난히 유대가 좋은 건 소수의 선수가 같이 만들어 낸다는 느낌 때문인 것 같아. 의식적으로 동료에게 반복해서 패스하는 걸 '공을 돌린다'고 하는데, 틈을 찾을 때까지 공이 순환하게 만드는 거라고 보면 돼. 보통은 한 사람이 독보적으로 골을 넣는 게 멋진 일이라고 생각하지만, 사실 농구는 공을 양보하고 양보받으면서 하는 이타적인 스포츠야.

슬아 휜이는 미국으로 이민 가면서 더 이 악물고 하게 된 것도 있지 않아? 인종차별도 이유가 됐을 거고. 동양에서 온 안경잡이는 아마⋯ 최약체였을 거야.

시대 영향도 클 것 같아. 지금이야 케이팝이 세계적으로 유명하고 한국어도 많이들 배우지만 휜이 고등학생 때라면⋯.

휜 학교 학생 3천 명 중에 동양인은 열 명도 안 됐어. 변방의 국립 고등학교라 더 그랬지. 그때만 해도 "너희 나라에선 뭐 먹고 살아?"라는 질문을 받을 정도로 한국에 대한 이해가 없었어. 거기서 내가 할 수 있던 건 몸으로 하는 일뿐이고 그게 농구였던 거야. 농구에는 유독 사나운 트래시 토킹 Trash Talking이라는 문화가 있는데, 힙합에서 하는 디스 비슷한 거야. 좀 거칠 때도 있지만 게임의 일부고 문화지. 예를 들어 경기 전에 상대 팀에서 나를 손가락질하면서 "쟨 내가 맡을게." 그러는 거야. 근데 말투랑 분위기가 어떠냐면⋯. (과장되게 하체를 낮추고 손바닥으로 바닥을 퍽퍽 치며 위협적인 목소리로) "I Got Him!" 하는 식(웃음).

슬아 (웃음) 대놓고 "넌 내 밥이다." 그러는 거네.

휜 그렇지, 넌 죽었다는 눈빛으로. 당시엔 나만 동양인이고 영어도 미숙하다 보니까 아무리 게임의 일부라도, 개인적으로 날 모욕하는 게 아니어도 위협적으로

느껴졌어. 트래시 토킹이라는 게 말로 심리적인 압박을
느끼게 하거나 상대편을 조롱하고 흔드는 거니까. 그런
문화 속에서 농구를 계속했어. 운동장 말고는 내가 설
자리가 없었거든. 처음엔 제대로 할 줄 아는 게 없어서
매번 '발렸어'(웃음). 그럴 때마다 모멸감을 느끼면서
집에 돌아가는데 농구장에서도 보이지 않는 존재가 되면
안 되겠다 싶더라고. 그래서 하굣길에 계속 농구공을
드리블하면서 걸었어. 집에 와선 농구 경기만 보고.
어찌 보면 인간으로서 나를 알아봐 달라는 오기로
계속한 건데, 나중에는 점점 더 실력이 쌓이면서 순전한
즐거움으로 하게 되더라. 아, 당시에 살던 동네가 흑인이
많은 곳이었거든. 그래서 생겨난 좀 특이한 분위기도

있었어. 한번은 나를 수비하던 상대편에게 크로스오버라는
페이크 동작을 했는데, 걔가 중심을 잃고 바닥을 살짝
짚었어. 그랬더니 경기 중인데 흑인 친구들이 막 몰려와선
나를 들고 뛰고 난리가 난 거야. 그걸 농구장을 닫는다고
표현하더라고(He Shut Down The Gym). 큰 소리로 흑인
친구를 창피 주고, 더 큰 소리로 나를 치하하는 그 문화가
생경하면서도 재미있었어. 그들만의 축하 방식인 거지.
사는 곳만 달라져도 확실히 다른 움직임, 다른 언어가
있더라고.

　그러고 보니 찬희가 말한 팔씨름이나 훤이의 농구는
상대가 있고 경쟁하는 운동인데 슬아가 하는 운동은 그런

종류는 아닌 것 같아. 요가, 댄스, 필라테스….
슬아 난 팀 스포츠엔 관심이 없어. 애초에 운동이
좋아서 시작한 게 아니라 글을 쓰다 보면 몸이 아프니까
건강해지기 위해 선택한 거였어. 실용성을 추구하기
때문에 언제, 어디서든 시간과 장소에 관계없이 할 수
있는 운동을 택한 거지. 나는 스물두 살에 데뷔해서 일을
좀 빨리 시작했잖아. 그래서인지 몸도 일찍 아프더라고.
허리, 어깨, 목…. 꽤 빨리 중년의 마음으로 '이거 큰일
났다. 나 이제 계속 아프겠다.' 싶어서 20대 초반부터
꾸준히 운동했어. 처음엔 매일 달리는 걸로 시작했지. 앉아
있는 것도 체력이 달려서 체력을 늘리겠단 생각이었는데,
달리기의 시작은 의외로 글쓰기 수업에서였어. 나는 작가로
데뷔하고 나서도 어떻게 하면 글이 더 좋아질 수 있을지
고민하다가 소설 합평 수업을 세 개 정도 수강했거든. 근데
갈 때마다 글 쓰고 싶다는 마음이 자꾸 훼손되는 거야. 특히
소설 합평 수업 특유의 피드백 시간이 힘들었어. 엘리트주의
같은 게 느껴지고 재미도 없더라고. '난 여기 있으면 글
쓰기 싫어지겠다.'라는 생각이 퍼뜩 들었어.
훤 합평은 자칫 잘못하면 비평을 위한 말하기가 되잖아.
그 집단 안에서만 통용되는 언어도 생기고.
슬아 맞아. 내 글을 보여주고 싶은 곳이 여긴 아닌 것
같더라고. 난 성실한 사람인데도 수업하러 가기가 너무
싫은 거야. 그래서 어느 날, 수업 가다 말고 갑자기
한강으로 가서는 마구 달렸어. 그날부로 수업도 그만뒀고
매일 달리기 시작했지. 상쾌했어. 달리면서 독소가
빠져나가는 느낌이 들더라고. 365일 꾸준히 달리다 보니까
마음먹으면 뭔가를 계속해 나갈 수 있겠다 싶었어. '일간
이슬아'가 매일 글 한 편을 보내주던 메일링 서비스잖아.
그것 또한 매일 달려온 게 큰 동력이 됐어. 그렇게
달리기를 시작으로 점점 체계적으로 몸을 부위별로 돌볼
수 있는 필라테스, 요가 같은 걸 하게 된 거야.

　슬아가 건강을 위해 운동을 택한 거라면 체력을 기르기
위해 하는 운동도 있다고 생각해. 내가 찬희를 처음
본 게 10년 전쯤 작은 클럽에서였거든. 작은 무대에, 작은
남자애가, 작은 하모니카로 연주를 하는데 그 호흡이 너무
크고 소리도 우렁찬 거야. 집에 와서도 그 장면이 계속
기억에 남더라고. 하모니카를 그렇게나 본격적으로 부는
건 호흡이 엄청나게 필요한 일이잖아. 난 단소만 불어도
머리가 아픈데 쟤는 어떻게 저걸 저렇게 힘차게 불까
생각한 기억이 나(웃음).
찬희 숨차거나 힘들다는 건 인식하기 시작하면 그때부터
진짜 힘들어지는 것 같아. 그때의 난 힘들거나 숨찬 걸
별로 개의치 않아 했어. 어렸기 때문에 실제로 덜 고단했던
것도 있어. 그때 하던 공연도 물론 힘들지 않던 건 아니야.

공연이 끝나면 매번 땀 범벅이고, 숨을
헉헉대는데도 중요하게 생각하지 않은
거지. 그렇게 해서 나오는 음악이 더
멋있다고 생각할 때도 있었어. 쇼라는
건 시각적인 게 합쳐지는 거여서 숨을
헐떡이면서 연주하는 게 관객에게 더
와닿을 수도 있는 거잖아.

지금은 어때?
<u>찬희</u> 오늘도 목이 좀 쉬어 있는데 요새는
공연을 많이 해서 자주 이런 상태라
관리가 확실히 필요해. 그때랑 비교하면
지금은 음악에 기술도 생겼고 노래가
좀더 어려워지기도 해서 체력 배분이
중요해졌어. 물도 많이 마시고 병원에서
처방 받는 약도 많아졌어. 아, 찬물 샤워도
진짜 많이 해. 요즘은 영하로 기온이
떨어져서 찬물 쓰는 게 전보다 힘들어지긴
했는데, 찬물 샤워를 하면 식도만
뜨거워지는 느낌이 들거든. 진짜 추운 날 달리기하면
목구멍이 뜨끈해지는 느낌 있잖아. 딱 그 느낌이 나.
나는 그 감각이 노래를 엄청 세게, 힘들게 부를 때랑
비슷하더라고. 그게 무대를 해나가는 데 도움이 많이 돼.

**차세대 요즘 작업을 보면 움직임이랑 관련된 것들이 눈에
많이 띄어. '뜀틀'이란 노래 제목도 그렇고, "어린아이처럼
어디든 올라타"라는 가사도 그렇고.**
<u>찬희</u> 음악에는 내가 생각하는 것들이 많이 담기는데 나는
요즘 미니멀해지고 싶다는 생각을 많이 해. 그러니까
거창한 결과물을 위해 가장 좋은 걸 뽑아내기보다는
꾸며내지 않은 현재와 과정을 기록하고 싶은 거지.
이를테면, 지금 여기 다섯 명이 있잖아. 이 다섯 명의
캐릭터를 가장 멋스럽게 이야기하기보단 한 명 한 명
어떤 사람이고, 바깥 날씨는 어떻고, 지금 먹는 토마토랑
떡 맛은 어떤지… 그런 걸 자연스럽게 담고 싶은 거야.
최근에 발표한 [사막에서 온 사람]도 사실 움직임에서
시작된 앨범이야. 영화 〈듄〉(2021)을 보고 영감을 받아
만들었거든. 〈듄〉 세계관의 최강자는 모래 괴물인 '샤이
훌루드'인데, 이 존재는 사막의 생태계랑 자연환경을
책임지기 위해서 침입자가 나타나면 달려들어. 모래의
일정한 진동으로 침입 여부를 판단하지. 그래서 사람들은
사막을 걸을 때 일정한 진동을 피하기 위해 특이하게
걷거든. 걸음에 리듬을 주면서, 규칙적인 박자를 피해
변주를 주는 거지. 나는 그 장면에서 굉장히 좋은 느낌을
받았어. 영화를 보다 말고 "이거지!" 하고 손뼉을 쳤어.

[해비치](2021)

[사막에서 온 사람](2023)

그 스텝을 한동안 실제로 하고 다니기도
했고. '사막에서 온 사람'에는 그런
움직임을 담고자 했어. 실제로 이 곡을
녹음할 때 〈듄〉의 사막을 생각하면서
동해안 이곳저곳에서 모아온 모래로
소리를 더했어. 모래들을 손으로 '스윽',
'스윽', 휘저으면서 핸드 스텝을 녹음한
거지. 한 100번쯤 들으면 모래알 소리가
들릴지도 몰라. 아주 작게 녹음했거든.

**녹음 과정에도 일종의 움직임이 녹아
있네.**
<u>찬희</u> 그렇지. '뜀틀'이란 곡을 만들
때도 아이들의 움직임을 떠올렸어.
우리가 잃어버린 거 있잖아, 유년기에만
할 수 있던 것들. 그런 걸 시각화하면
좋겠다는 마음으로 만들었어. 언젠가부터
앨범에 담고 싶은 것들을 음악뿐 아니라
시각적으로도 표현하고 싶다는 욕심이
생겼는데, [해비치]를 만들 때도 그랬어. [해비치] 작업 땐
담고 싶던 게 가사로 남기도 했지. "좋은 한때라는 생각이
들어 카메라를 들면 꼭 아쉬운 그림인 게"
<u>휜</u> 그 노랫말 정말 근사해. 아날로그 카메라로 찍어 본
사람이라면 고개를 끄덕일 만한 얘기야.
<u>찬희</u> 한때 시각 디자인이나 사진에 뜻을 두던 시절이
있었기 때문에 더 그런 것 같아. 시각적인 걸 생각하며
작업하면서부터는 뭔가 많이 달라졌어. 소리에 더해
움직임도 생각하게 됐거든. 악기를 녹음할 때도 "앉아서
할래, 서서 할래?" 하고 묻고. 그루브에는 자세가 꽤
중요해. 그래서 합주할 때도 "너 좀더 뒤로 가. 넌
조금 옆으로 옮기고." 하는 세팅이 필요한 거지. 물론
기본적으로는 좋은 소리를 내기 위해서지만 쇼라는 게
시각적인 걸 간과할 순 없잖아. 간단해 보여도 움직임을
생각하는 거랑 안 하는 건 달라. 나는 특히 흑인 그루브를
좋아하는데 흑인들은 무대에서 자주, 넘어질 것처럼
휘청거리거든. 근데 안 넘어져. 기우뚱, 기우뚱, 균형을
잃지만 그 상태로 움직이고 나중엔 우뚝 일어서지. 나도
그런 자연스러운 움직임을 음악에 담고 싶어서 요즘은
음악보다도 움직임에 집중하고 있어. 차세대만이 할 수
있는 움직임, 나만 할 수 있는 그루브를 보여주고 싶은
거지. 노래도 계속 그런 식으로 불러나가고 싶고.

**댄서나 운동선수처럼 움직임이 주요 행위가 아닌
직업에서도 움직임에 집중한다는 게 재미있어. 생각해
보면 누가 어떤 일을 하든 움직임은 동반된단 생각도 들고.**

슬아 아, 훤이도 작업할 때 중요하게 생각하는 움직임이 하나 있어. 훤이가 키보드를 자주 바꾸거든? 글을 쓰다 잘 안돼, 그럼 키보드를 바꿔.

기분 전환을 위해서야, 진짜 작업이 잘돼서야?
훤 둘 다야(웃음). 심지어 메일 쓰는 키보드, 산문 쓰는 키보드, 시 쓰는 키보드 다 따로 있어. 키 캡도 바꾸고 스위치도 바꾸고, 하나의 키보드도 계속 다르게 조립하면서 변화를 줘.
슬아 스트레스받을 땐 세 시간 동안 키보드 키 캡을 바꿔. 하나하나 해체해 가면서. 훤이 말로는 자기만의 뜨개질이라고 하더라고.
훤 물 밑에 잠겨서 가만히 고요를 만드는 것처럼 나는 키보드를 해체하면서 잠잠해지는 거야. 기분만 전환돼도 좋은데, 키보드를 바꾸면 작업이 잘된다는 것도 나름 일리가 있어. 산문은 빠르게 많이 써야 하고 퇴고도 잦으니까 오타가 덜 나고 경쾌한 키보드를 쓰고 있어. 타건감 때문에 조금 더 신나서 쓰게 되기도 하고. 글의 특성상 자주 수정해야 하는데 타자 치다 걸리면 예민해지니까. 한창 작업할 땐 그런 자그마한 것도 은근히 거슬리거든. 근데 시 쓸 땐 서두 서두르지 않고 싶어서 타자도 느려지는 배열의 키보드를 써. 이 키보드 볼래? (독특한 모양의 키보드를 가지고 온다.) 이건 엘리스 배열이라고 하는데, 이 키보드는 산문 쓸 땐 절대로 안 써. 오른손과 왼손 사이 간격을 두고 써야 해서 보통 배열보다 느리게 움직이게 돼서 빠르게 칠 수 없거든. 이 키보드는 시나 메일을 쓸 때 사용해.

지금 이 공간엔 컴퓨터도 없는데 시야에 보이는 키보드만 하나, 둘, 셋, 넷…. 국소 부분만 움직이는 거지만 작은 움직임에도 에너지는 필요하잖아. 먹는 것도 중요한 일 같아. 문득 떠오르네. 찬희가 차세대 멤버 소개할 때마다 "밥하는 찬희입니다." 그렇잖아.
찬희 나는 밥해 먹고 산 지 벌써 13년이 넘어가니까 밥하는 사람이란 소개가 어색하지 않아. 지금은 밴드 멤버들이랑 사는데 오늘도 밥해놓고 나왔고, 어제도 했고, 내일도 하겠지. 장도 보통 내가 보는데 한 번도 할인하지 않는 걸 사본 적이 없어. 할인하는 재료로만 요리하다 보니까 여러 요리를 시도하고 자연스럽게 다양한 걸 먹게 되는 거 같아. 나는 탄수화물을 최대한 적게 먹는 편이라 헬스인이 먹는 식단으로 끼니를 만들곤 해. 멤버들이랑 공연 끝나면 술도 자주 마시는데 어디 아픈 데 없이 건강한 거 보면 잘 챙겨 먹고 있나 보다 싶어.

슬아는 글쓰기보다 건강 돌보는 걸 더 중요하게 생각하는 것 같아. 글방에 오는 아이들이 잠 못 자고 오면 "잠이랑 밥이 글쓰기보다 중요하다."고 이야기한다고 들었어.
슬아 잘 먹고 잘 자는 건 정말 중요해. 나도 요새는 절대로 밤새워서 쓰지 않아. 잠과 밥은 사람한테 영향을 많이 끼치거든. 우린 보통 채소 위주로 밥을 먹고 과일도 진짜 많이 먹어. 아침에 눈뜨면 과일이랑 견과류를 한 바구니 놓고 "파티다!" 그러면서 우걱우걱 먹기 시작하지. 아침마다 한 사람당 한 바구니씩은 먹는 것 같아.

채식을 지향한단 걸 알아서 오늘 뭘 들고 올까 고민이 많았어. 토마토 가져오길 잘했다, 금세 싹 먹어서 기분 좋았어(웃음).
훤 아침마다 한 사람당 이만큼씩 먹는걸? 진짜 맛있었어.
슬아 아, 시간이 벌써 이렇게 됐네? 복희가 곧 해물파전이랑 떡볶이를 들고 올 텐데 우리 그거 먹으면서 좀 쉬자. 오늘 진짜 열심히 했잖아!

어? 복희 씨 오신다고? 식탁 정리할게!

좋은 한때라는 생각이 들어 카메라를 들면

ⓒ장복희·이상웅

ⓒ김미숙·이종찬 ·

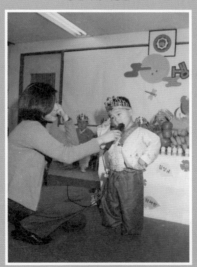

ⓒ장복희·이상웅

처음부터 우린 한배를 타고
이 바다를 항해하기 시작했지
나와 가장 다른 너를 보면

기쁨이 넘쳐와
한 번도 솔직한 적 없어
난 최고여야 하니까

언제나 솔직하고 싶어
넌 최고여야 하니까

— 차세대, '형제자매'(작사·작곡 남고래) 중에서.

어느 날, 세상에 오리 하나가 등장했다. 꽃이 총총 박힌 수모를 쓴 오리는
유난히 발이 작았지만, 문제될 건 없었다. 차가운 물에 풍덩 뛰어들 듯
컬러풀한 유머로 빠져들어 헤엄치는 레디투킥의 오리발이 있으니까. 레디투킥
양수현은 모두에게 즐겁게 수영하는 법을, 킥킥 웃는 법을 알려주려 물 밖으로
나왔다. 준비됐냐는 그의 물음에 큰 소리로 답하고 싶다. "응, 준비됐어!"

이왕이면 유쾌하게

양수현―레디투킥

에디터 이명주
포토그래퍼 강현욱

얼마 전 생일이었죠? 축하드려요. 즐겁게 보내셨어요?

감사합니다(웃음). 어제였는데 자정에 남편이 사준
케이크를 한 조각 크게 잘라 먹었어요. 아침에는
출근했더니 작업실 친구들이 서프라이즈로 축하해 줬고요.
평소처럼 일하고 퇴근해서는 집에서 미역국도 먹었고
한 조각 먹고 남긴 케이크에 촛불도 불었어요.

하루쯤 눈 딱 감고 쉬고 싶기도 했을 텐데요(웃음).

옛날에 회사 다닐 때는 생일에 무조건 휴가를 냈어요.
일 년에 딱 한 번뿐인 나의 하루를 기분 좋게 보내고
싶어서요. 브랜드를 이끄는 대표가 되면서는 완전히 쉬는
것도 마음이 편하진 않더라고요. 일이 많고, 딱히 갈 곳도
없어요(웃음). 그래도 직원들에게는 생일 유급 휴가를 꼭
준답니다.

'레디투킥READY TO KICK'의 크리스마스는 벌써
시작되었더라고요. 요즘 한창 바쁘겠어요.

맞아요. 11월 3일부터 레디투킥의 크리스마스 시즌을
오픈했어요. 몇 가지 이벤트를 준비했는데, 먼저 산타
모자를 본뜬 빨간 수영모와 파우치를 새로 출시했고요.
신제품과 더불어 '빨간색' 제품만 모아서 할인하고
있어요. 크리스마스에 가장 먼저 떠오르는 색깔이기도
하고 레디투킥도 빨강, 파랑, 노랑 같은 채도 높은
컬러가 연상되는 것 같아서요. 조금 촌스럽거나 과해
보일 수 있는데 한편으로 유쾌하잖아요. 마지막으로는
레디투킥만의 인스타그램 필터를 만들어서, 누군가의 착한
일을 알리는 이벤트예요. 소개된 '착한 어린이' 한 명당
레디투킥이 1,225원씩 기부하려고요.

풍성한 크리스마스네요. 기부는 어떻게 기획하게 된
거예요?

레디투킥이 세상에 발을 내놓은 지 2년 정도 되었는데,
그동안 많은 분에게 도움을 받았어요. 그걸 꼭 돌려드리고
싶어서 기부를 생각했죠. 자립을 준비하는 청소년에게
조금이라도 보태고 싶어요. 크리스마스까지 열심히
홍보하려고요.

물 안팎을 다루는 브랜드다 보니 겨울에는 속도를 늦출
거라 생각했어요. 수현 씨에게는 아닌가 봐요.

확실히 여름에 매출이 훨씬 높긴 해요. 몸으로 '춥다.'라고
딱 느껴지는 순간부터 매출이 떨어지죠. 근데 가을과
겨울에도 수영하기 엄청 좋아요. 실내 수영장에서
그때부터 온수를 틀어주거든요. 더울 때 재밌지만, 추울
때도 생각보다 재밌다는 걸 알려주고 싶어요.

아까부터 저쪽에 있는 수모 쓴 오리가 궁금한데요. 저건
뭔가요?

예쁘죠? 레디투킥만의 마네킹이에요. 우리의 마스코트인
오리 모양으로 만들고 슬로건도 써넣었어요. 3D 프린트
작업으로 빈티지하게 만들어달라고 했는데, 배송 중에
목 부분에 금이 가서 진짜 빈티지가 되었죠(웃음). 명품
가방 하나 샀다는 마음으로 만든 거라 일하다가도 자꾸만
시선이 가요. 사실 이전에도 옛날 미용실에서 쓰던 것
같은 두상 마네킹이 있었는데요. 오프라인 행사를 나가면
관계자들이나 손님들이 다가오길 주저하시더라고요.
전 그것도 예쁘던데(웃음).

"Make your own wave. Are you ready to kick?
Let's kick the world."

—레디투킥 슬로건

그럼 레디투킥의 시작부터 차근차근 들어볼까요?

음, 10년 정도 디자이너로 일해왔는데 아기를 가지면서
고민이 시작됐어요. 내가 어딘가에 소속되어 언제까지
일할 수 있는지에 대한 고민이요. 이제는 혼자가 아니라
아이까지 있을 텐데, 나의 일을 시작할 때가 아닌가 싶었던
거죠. 만약 이 고민을 지금 해결하지 못하면 3년 뒤, 5년
뒤에 다시 생각하고 있을 것 같았어요. 그때 제가 30대
중반이었으니까 '5년 뒤에는 마흔인데, 그때는 지금보다
뭘 하기가 더 어렵지 않을까?' 싶었죠.

늦기 전에 나만의 무언가를 만들고 싶다고 생각한
건가요?

꼭 브랜드는 아니었어요. 주어진 자원들로 무얼 할 수
있을까 고민했을 때 그런 결론이 난 거죠. 좋아하는
국내 브랜드들을 살펴보니까 웬만하면 10년은 훌쩍
넘었더라고요. 나의 일이 자리 잡고 의미를 얻기 위해
10년 정도 필요하다면, 지금 시작해야 했어요. 육아
휴직이었던 1년 동안 지난 시간을 회고하고 내가
잘할 수 있는 것만 고민했어요. 그즈음 회사를
그만두고요.

치열한 고민 끝에 작게라도 내딛었네요. 지난 시간을
회고했을 때 수현 씨에게는 무엇이 있었어요?

좋아하는 걸 꼽아보면 수영부터 자전거, 요리, 디자인….
정말 많았어요. 디자인 일을 했으니 흔히 말하는
'종이집'을 하고 싶어서 일본 출장도 다녀왔고요. 요리는
막상 살림을 해보니 그다지 즐기는 것 같지 않아서 평생
업으로 삼기에는 어렵다고 생각했어요. 그러니까 다른
분들에 비해 '덕질'이 부족한 분야였던 거죠. 나의 일을

하기 위해서는 단순히 흥미로운 정도를 뛰어넘어서
온 마음을 다해 좋아해야 했어요. 가만 보니 수영은 나이가
들어서도 계속할 것 같고, 나이키처럼 대형 브랜드가 아닌
이상 국내에서는 수영 관련 브랜드가 많지 않았어요.
만약 제가 만든다면 섹시하거나 너무 예쁘지 않게, 귀엽고
가족 친화적이면서 다양한 사이즈로 만들어보고 싶다는
아이디어가 떠올랐죠.

왜 수영은 앞으로도 할 것 같다는 예감이 들었을까요?
운동이랑은 조금 달라요. 운동이 삶에서 꼭 필요하다고는
느끼지만, 매일 열을 내서 하지는 않거든요. 수영은 일상에
즐거움을 만들어주는 거라서 좋아하는 거예요. 어차피
나이 들어서도 할 수영이 내 하루에서 더 많은 부분을

뛰어가서 줄을 선대요. 그런데 저는 여기저기 구경하고
무엇이 있나 살펴보다가 남들 두 번 탈 때 한 번 타고
그랬대요(웃음). 즐겁게 했기 때문에 지금까지 그 추억이
기분 좋게 남아 있어요. 화려한 기술이나 엄청난 스피드를
구사하는 건 아니어도 "이건 내가 잘할 수 있어!"라고
말할 수 있는 게 생겼죠.

그럼 수영에서는 어떤 순간이 가장 재미있어요?
물로 뛰어든 후에 벽을 발로 차서 앞으로 쑥 나아갈 때요.
잠영을 바닥에 붙어 있다고들 하거든요. 바닥에 붙어서
발을 흔들며 앞으로 나가고 있을 때 기분 진짜 좋아요.
물속에서 제가 막 웃고 있어요.

가져가면 행복할 것 같았고, 아니나 다를까 레디투킥
덕분에 수영을 더 자주 하게 됐어요. 기분 좋죠.

그러고 보니 수현 씨는 언제 처음 수영을 배웠어요?
대여섯 살쯤 유아체능단에서 시작했어요. 요즘은
'영유'라고 부르는 영어유치원 많이들 보내는데, 체육
활동을 주로 하는 유치원도 있거든요. 부모님이 어릴 때
활발하게 뛰어놀면 좋다는 생각으로 보내셨던 것 같아요.

**가기 싫은 적은 없었어요? 아이들은 가기 싫으면 어디
아픈 흉내를 내잖아요(웃음).**
그래도 저는 되게 재밌었어요. 물론 엄마 말로는 잘하고
싶은 욕심이 있는 친구들은 수영장 레일을 한 번 돌면 얼른

우와!
그럴 때 정말 내가 좋아하는 순간이라는 게 느껴져요.
평범한 하루에서도 그런 특별한 순간을 많이 만들려고
노력해요. 여행 가서 일부러 자전거를 빌려 타기도 하고요.
같은 길을 가더라도 일부러 따릉이를 타고 가면 좀 더
재밌어요.

**즐거움과 재미라는 말을 자주 하는 것 같은데요. 어떤
의미인지 궁금해요.**
일상을 심각하거나 냉소적으로 보지 않는 거요. 웃고 노는
기분이 좋아서 고등학교 때 개그우먼이 될까 생각한 적도
있어요. 기분 나쁜 일이 있어도 좋은 쪽으로 해석하려고
해요. 브랜드를 꾸릴 때도 마찬가지예요. 저도 각 잡히고

멋있고 우아한 것들 좋아하거든요. 비싼 밥, 비싼 명품도요. 근데 너무 럭셔리한 건 재미가 없게 느껴져요. 위트를 섞고 싶어지죠.

레디투킥이라는 이름에도 위트가 섞여 있잖아요.
맞아요. 꼭 '킥'이라는 말을 넣고 싶었어요. 발차기 의미는 물론이고, 웃을 때도 '킥킥' 웃으니까요. 오죽하면 '그냥 킥킥으로 지으면 안 되나?' 고민했어요. 아이를 전담으로 보던 때에 이름을 지어야 해서, 거실에 전지 붙여두고 오며 가며 생각나는 단어들을 적었던 게 떠올라요. 결국에는 웃을 준비, 수영장에 갈 준비를 우리가 도와주겠다는 의미로 레디투킥이 되었죠.

레디투킥이 나올 수 있었을까? 아니었을 것 같거든요. 혼자일 때는 제가 하고 있는, 앞으로 할 일에 대해서 깊게 짚어본 적이 없어요. 아이가 생기면서 엄마라는 타이틀이 생겼고 신변에 변화가 생겼죠. 고민해 볼 시간이 주어진 거예요.

아이에게 엄마로서 어떤 모습을 보여주고 싶다는 마음도 있을까요?
나중에 송이가 세상이 생각하는 대단한 직업을 갖지 않더라도 애정을 쏟을 일을 찾길 바라요. 자기가 무얼 좋아하는지 아는 사람이길 바라고요. 그렇다면 공부를 썩 잘하지 않더라도 사람으로 태어난 이유를 찾아낼 거라고 생각해요. 제가 먼저 그런 사람이 되고 싶었어요.

사랑스러운 이름이라고 생각했어요. 지금까지의 이야기가 아기를 낳고 1년 만에 이루어진 거죠? 수현 씨의 딸, 송이와의 첫 만남은 어땠어요?
저는 자연분만으로 낳았는데 열 시간 정도 걸렸어요. 초음파 사진으로만 어떤 친구일지 얼굴을 예상하곤 했는데 실제로 만나니까 너무 반갑더라고요. 물론 둘째는 없다고 말했지만요(웃음). 송이는 잘 자고 잘 먹고, 크게 아픈 적도 없어서 고마워요.

송이 생일에 사업자를 등록하고, 회사 이름마저도 애칭을 딴 '머쉬룸컴퍼니'예요. 아이와 만난 게 큰 전환점인가 봐요.
요즘도 가끔 생각해요. 내가 만약 엄마가 안 됐다면

남편도 저에게 힘을 실어줬고, 고민에 빠질 때면 오히려 더 열심히 등을 밀어줬어요. 할 수 있다고. 별거 아니니까 해보라고.

사실 디자이너로서는 이제 웬만한 수준의 일이 어렵지 않잖아요. 아예 새로운 분야로 뛰어든 후에는 모든 게 어려웠을 것 같아요.
그야말로 좌절했죠. 맥을 10년 동안 썼는데 윈도를 쓰려니까 '한영 키'부터 어디에 뭐가 들었는지 하나도 못 찾겠는 거예요. 하다못해 세금 계산서 발행이나 거래처에서 하는 말들 못 알아듣는 건 당연하고요. 그때 운이 좋게 주변 도움을 많이 받았어요. 용기 내서 물어보면 바랐던 것보다 더 많이 알려주셨죠. 이제는 사람 됐어요.

**그런 과정에서 좋아하는 게 싫어질까 봐 겁나진
않았어요?**
제품을 만들었는데 광고를 돌릴 만한 예산도 없고 알릴
수 있는 사람은 오직 저뿐인 거예요. 수영장에 직접
쓰고 가서 회원들, 선생님들이랑 친해지고 브랜드에
대해 알려주는데 지치는 순간이 오더라고요. 그때
잠깐 수영을 쉬었죠. 그래도 인간 광고판처럼 저라도
써서 알려야지 어떡해요(웃음). 제가 엉덩이가
무거운 스타일이 아니거든요. 흥미가 있어야 잘하고
싶어서 마구 파고드는데, 그만큼 수영을 좋아하니까
가능했던 것 같아요. 이제는 내가 나의 일을 만들어줘야
하니까요.

그 때문이에요. 근데 너무 귀여우신 게, 물에서는
날아다니시면서 물 밖으로 나오면 딱 달라붙은 수영복
벗기도 힘들어하시거든요. 서로 수영복 벗겨주고 등
밀어주고…. 그런 일상 속의 할머니를 레디투킥에 꼭 담고
싶었어요. 시니어 모델 중에서 찾으려니까 다들 너무 젊어
보이시고 친근한 느낌이 아니라서, 인스타그램에서 모집을
한 거죠. 손녀들이 자기 할머니 사진을 막 보내주는데
그때 정자 할머니를 만난 거예요. 수영을 엄청 좋아하시고
손녀와 호캉스 가서 물놀이하시는 분인데, 레디투킥의 꽃
수모를 쓰고도 완벽한 모습을 보여주셨죠.

**레디투킥의 마스코트가 오리인데, 발이 작은 오리예요.
할머니 모습과 겹쳐 보이기도 해요.**

**레디투킥의 화보 중 '정자 할머니'의 이야기가 떠올라요.
수현 씨처럼 수영을 좋아하는 분이죠?**
저는 정자 할머니 사진을 가장 좋아해요. 수영장 가보면
할머니들이 '짱'이에요. 친구들끼리 한곳 꾸준히
다니시고, 할머니들만의 영역이 존재해요. 나쁘게 말하면
텃세지만요(웃음). 왜 그러신지 생각해 보면 그게 자기의
루틴이라 방해받기 싫어하는 거예요. 저는 그냥 그런
모습이 귀엽게 보여요. 그리고 할머니들은 기본기가
탄탄하달까요? 안정적인 호흡에다가, 이 수업이 학교이자
회사기 때문에 절대 빠지지 않으세요. 월경도 안 하시고요.

그렇네요!
상급반으로 갈수록 할머니들이 많이 보이는 이유도

오리가 발이 작으면 뭐 어때요. 오리발 끼고 나가면
되는데. 콤플렉스 없는 사람이 있을까요? 바깥에서는 약한
할머니들이 물속에서는 힘차게 누비는 것처럼, 콤플렉스가
있다면 그 반대 부분도 있을 거라고 생각해요. 남편이 되게
똑똑한데 운전할 때 보면 제 속이 터져요. 저는 운전은
잘해도 경제적인 셈이 빠르지 않아 남편의 속이 탈 테고요.
그래도 서로를 이해해 줘요. 잘하고 못하는 게 유달리
두드러지는 문제라고 생각하지 않으니까요. 그 바람을
담아 만들었어요. "잘할 필요 없고 내가 재미있으면 된
거야!"

**되뇌어 보니까 좋네요. 뭐든 해도 괜찮다는 자신감이
든달까요. 수현 씨에 대한 이야기를 좀더 듣고 싶어요.**

힘들 때 자신에게 주는 선물은 뭐예요?

(슬픈 표정을 짓는다.)

조금… 슬퍼 보여요(웃음).

맛있는 라떼 한 잔 사주기? 어디 갈 곳은 없지만 자유 시간이 제일 필요하고요(웃음). 그래도 아이와 브랜드가 잘 크는 것만으로도 만족해요. 다만 마흔 되면은 누구든 다 아프다고 하더라고요. 일상의 균형을 잘 지키고 무리하지 않으려고 노력해요.

무리하지 않기 위해 어떻게 숨 쉴 틈을 만들고 있어요?

잠을 푹 자거나 수영 같은 체육 센터 클래스를 듣고, 테니스도 쳐요. 한동안 아침 수영이나 자유 수영도 작업실 동료인 일러스트레이터 김파카 작가랑 같이 다녔어요. 저쪽이 파카가 앉는 자리인데요. 동갑내기 친구에 고민하는 것들을 나누다 보니 친해졌죠. 저는 수영을 몸에 익혀서 하는 거라면, 이 친구는 성인이 되어서 배웠어요. 1년 전부터 성실하게 다니더니 금세 접영까지 마스터하더라고요.

어른이 돼서 배우는 수영은 어렵다던데, 대단하네요! 함께 수영하러 가는 길부터 재미있을 것 같아요.

따릉이를 타거나 서울숲을 걸어서 다니는데 기분 좋아요. 점심 사서 숲에서 먹기도 하고요. 그런데 수영이 점점 인기가 많아지는지, 등록을 한 번 실패하니까 틈을 비집고 들어가기가 쉽지 않더라고요. 생활 운동은 계속 해야 하니 다른 것도 기웃거리며 같이 들었어요. 줌바댄스, 필라테스, 맨몸 체조 그리고 아이돌 댄스….

어머나, 어떤 아이돌이요?

블랙핑크 지수의 '꽃'인데요(웃음). 그거 배우고 '아, 이거 안 되겠다!' 하면서 줌바댄스로 갔다가 결국 요가로 정착했어요. 남편이 테니스를 워낙 좋아해서 같이 치려고 열심히 연습하는 중인데, 아직 멀었어요. 이번 주는 잘 맞는 것 같다가도 다음 주에는 저랑 너무 안 맞아요. 밀당하는 것처럼요!

그래도 다양한 운동을 즐기고 있네요. 그 시간에는 오로지 운동에만 집중하세요?

그럼요. 요즘에는 휴대폰만 있어도 일할 수 있잖아요. 거래처에서 연락 오고 슬랙이나 카톡은 알림이 잔뜩 쌓이고요. 운동하는 한 시간만이라도 폰은 저 멀리 두고 집중해요. 일에서 벗어나 환기가 되죠. 예전에는 수업을 가기 싫으면 슬쩍 빠지기도 했는데 이제는 나만의 시간을 만들기 위해서 꼭 가요.

운동하러 가기 정말 싫을 때는 그게 나한테 주는 효능을 떠올리곤 해요. 수현 씨가 생각하는 효능은 뭐예요?

내 몸은 싫든 좋든 내가 평생 갖고 가야 되잖아요. 사람마다 타고난 건강 상태도 다르고 어디가 튼튼하고 약한지도 다르고요. 주어진 상태는 변할 수 없는 사실이니까 어떻게 하면 좀더 건강하게 나이들 수 있는지, 자신을 긍정적으로 바라볼 수 있는지 배우게 되는 것 같아요. 남편이랑 가끔 그런 이야기를 하거든요. "우리 은퇴하면 진짜 재미있을 것 같아. 얼마나 재밌게 놀까? 그러니까 그때까지 건강하자."라고요.

그 대화에서 수현 씨가 앞으로 놓치고 싶지 않은 가치가 엿보여요.

저 요즘에는 입꼬리가 내려가는지 계속 신경 쓰고 있어요. 나이 들어서의 인상은 내가 어떻게 살아왔는지가 드러난다고들 하잖아요. 입꼬리를 번쩍 올리고 내내 해맑고 유쾌했으면 좋겠어요. 심통 나고 예민해져서 주변 사람을 불편하게 하기 싫어요.

긴 대화도 슬슬 마무리 해볼게요. 오늘도 운동 가세요?

오늘은 테니스 가야 해요. 선생님이 무서운 분이시라(웃음). 근데 가면 좋아요. 또 재밌고요.

풍덩 빠질 준비 해볼까?

1.

2.

3.

4.

1. FLOWER DIP
레디투킥의 첫 아이템이자 꾸준히 사랑받고 있는
FLOWER DIP. 앨범 속 엄마의 젊은 시절을 떠올리게
하는 꽃수모다. 착용하기 편한 소재와 사랑스러운 꽃이
달린 게 매력 포인트. 동봉된 메시 파우치는 수영가방으로
쓰거나 모자를 세탁할 때 빨래망으로 사용해도 좋다.

3. 산타 수영 모자
날씨야, 아무리 추워봐라! 우리가 수영을 안 하나. 추운
겨울이라고 움츠러들지 말고, 세상을 향해 "킥!" 크게
한 발짝 나갈 수 있게 하는 모자. 산타 할아버지의 선물
주머니처럼 생긴 파우치에 고이 담았다. 물속에서,
친구들과 함께하는 연말 파티에서 두루두루 사용할 수
있다.

2. FIN in FIN
오리발이 들어가는 오리발 가방이 있으면 얼마나
재밌을까? 레디투킥에는 있다. 유치한 듯 샛노란 색이
웃음을 자아낸다. 아직 수영 초보라 오리발이 없어도
괜찮다. 방수 소재라 수영가방으로 사용하기에도 알맞다.
수영장을 가는 마음이 FIN in FIN과 함께 밝아지길.

4. 산타 실리콘 수영 모자
혹시… 수영하는 산타를 본 적이 있는지? 수영장에 산타가
나타났다! 부드러운 실리콘과 위트 있는 그래픽이 특징인
모자다.

데일리 그라인드 조광훈 편집장이 넓적한 나무 데크에 두 발을 올린 건
중학교 2학년, 그러니까 스케이트보드를 타온 햇수를 헤아리면 강산이
두 번은 족히 바뀌었다. 시작은 통이 큰 바지를 입은 껄렁한 형들을
따라하던 취미였다. 거리를 시원하게 누빌 수록 단순한 취미는 일상을
지탱하는 에너지원으로, 그의 안녕을 도모하는 도구로 변했다. 앞으로
그는 보드 위에서 또 어떤 벽을 넘을까. 좀더 단단해진 마음으로,
선명해진 시선으로 발을 구르는 그의 뒤를 열심히 따라가 본다.

벽을 뛰어넘는 사람

조광훈—데일리 그라인드

에디터 이명주
포토그래퍼 강현욱

요즘 유난히 비가 많이 왔는데, 다행히 오늘은 아니네요. 짐이 많으셨죠?

괜찮아요. 보드랑 카메라 가방이거든요. 만나서 반갑습니다. 스케이트보드 웹진 '데일리 그라인드Daily Grind' 편집장 조광훈입니다. 동대문에는 보드 타러 자주 오고 인터뷰도 종종 했지만, 매번 새롭네요.

근처에 있는 훈련원공원 말씀하시는 거죠? 컬트공원이라고도 부른다고요.

90년대 후반쯤 발견된 스팟인데요. 스케이터들이 직접 기물을 가져다 두기도 하면서 오랫동안 사랑받은 곳이죠. 외국과 달리 우리나라, 그중에서도 서울은 이렇게 상징적인 보드 스팟을 찾기 어려워요. 보드가 소음이 크고 통행에 방해 된다며 폐쇄되거나 기물들을 일방적으로 치워버리기 일쑤거든요. 최근에는 컬트공원에도 소형 기물들만 남게 되었어요. 그곳을 지키기 위해 앞장섰던 사람으로서 아쉬운 소식이죠.

그런 의미가 있는 곳이었네요. 컬트공원을 비롯한 다양한 스팟에서 촬영한 스케이트보드 클립을 꾸준히 업로드하시더라고요.

맞아요. 얼마 전에 '신시대SHinSeEdAe'라는 비디오 프로젝트를 마쳤어요. 어린 친구들을 비롯해서 새로이 주목받길 바라는 스케이터를 촬영했는데요. 주인공 격인 친구가 브랜드 '뉴에라New Era'의 옷을 입고 있는데, 그걸 보자마자 프로젝트 이름으로 삼고 싶더라고요. 마침 그 친구가 '신'씨 성을 가진 스케이터에게 보드를 배웠거든요. 새로운 친구들을 주목한다는 내용과도 잘 맞고요. 결과물은 100퍼센트는 아니지만 70-80퍼센트 정도는 만족해요.

이외에도 '데일리 그라인드 몽타주Daily Grind Montage', '데일리 리포트Daily Report'라는 클립도 있던데 어떤 차이가 있어요?

몽타주는 완성도 높은 한 편의 스케이트보드 비디오예요. 편집이나 음향도 꽤 공들여 작업하죠. 리포트는 몽타주에서 제외된 B컷이나 하루 기록들을 담는데, 편집도 화려한 기술 대신 컷만 연결해서 붙이고 음악도 즉흥적으로 골라요. 자연스러운 기록이다 보니 훨씬 날것의 느낌도 강하고요.

확실히 리포트에서 역동성이 좀더 느껴졌던 것 같아요. 하루 일과는 어떤지 궁금하네요.

일단 8시쯤 일어나면 강아지 밥을 먼저 줘요. 갈색이 약간 섞인 강아지라 이름은 초코예요(웃음). 영양제를 챙겨 먹고 나면 컴퓨터 앞에 앉아 콘텐츠로 제작할 만한 것들을

탐색하는데요. 해외 사이트나 유튜브를 참고하는데, 요즘에는 독자들이 가벼운 글이나 이미지로 소비하는 걸 좋아하는 것 같아서 그 흐름을 따르려고 해요. 큰 이슈가 있다면 집중적으로 파고들고 기삿거리가 마땅치 않다면 블로그를 업로드하는 거죠. 오후에는 온·오프라인 행사를 준비하고 콘텐츠 섬네일이나 일러스트, 영상 작업을 해요.

저는 사실 하루 종일 보드를 타실 줄 알았거든요. 그런데 영상부터 정보성 기사 제작, 오프라인 행사와 일상 블로그 운영까지….

틈날 때 보드도 타야 하고, 화요일이랑 목요일엔 농구도 가야 해요. 가족과도 시간을 보내고 싶으니 남는 시간에는 온통 일에 집중할 수밖에 없죠.

농구는 어떤 계기로 시작하게 된 거예요?

팬데믹이 한창일 때, 넷플릭스에서 농구 선수 마이클 조던의 다큐멘터리 〈더 라스트 댄스〉를 봤어요. 그걸 보니까 농구에 푹 빠졌던 어린 시절이 떠오르더라고요. 제가 스케이트보드 이전에는 매일 농구를 했거든요. 스케이트보드를 줄곧 타온 지금은 기술적으로 더 이상 성장할 게 없다는 생각에, 새로운 취미에 대한 갈망으로 시작하게 됐어요.

다시 해보니 옛날만큼 재미있나요?

그럼요! 상대방을 제쳤을 때도 좋고, 골이 들어갔을 때 공이 경쾌하게 그물을 통과하는 소리가 너무 좋아요. 그물 없는 골대에서는 재미가 없을 정도로요(웃음). 스케이트보드처럼 농구도 리듬감이 중요한 종목이라 멋있게 하고 싶어서 꾸준히 연습해요. 어릴 때는 돈이 없어서 못 산 공이나 신발 같은 것도 다시 알아보고 하나씩 모으고 있는데요. 그때 꿈꾸던 모습으로 지금의 제가 농구를 한다는 게 감회가 새로워요.

어릴 때 좋아했지만 못했던 걸 어른이 되면 할 수 있는 것도 커다란 재미죠.

그때는 분식집 가면 잔치국수 하나밖에 못 먹었는데 이제는 비빔국수도 시킬 수 있잖아요. 아마 그런 마음으로 운동을 다시 시작한 분들도 많을 것 같아요. 구에서 운영하는 시민 체육 센터에서 하는 건데, 성인부라서 20대부터 50대까지 연령도 다양해요. 만나서 열심히 뛰다가 시간 되면 깔끔하게 헤어져요. 뒤풀이 같은 것도 없고요. 이전보다 여자분들도 굉장히 많아졌는데 〈더 퍼스트 슬램덩크〉(2023)가 개봉한 이후부터였던 것 같아요. 그걸 보고 흥미를 느낀 분들이 꾸준히 하고 실력도 금방 늘어서 신기했어요.

그러고 보니 편집장님도 누군가 스케이트보드 타는 걸 보고 흥미가 생겼다고 했죠?

처음 탄 게 1997년도, 그러니까 중학교 2학년 때였는데요. 한창 멋 부릴 시기라서 통이 무지 넓은 힙합 바지를 입고 다녔어요. 종로 세종문화회관 앞을 지나가다가 보드 타는 형들을 처음 보게 됐죠. 체인을 주렁주렁 달고 힙합 스타일의 큰 옷을 입었는데, 약간 껄렁한 것까지 멋있더라고요.

보드를 되게 잘 탔나 봐요.

실력은 눈에 보이지도 않았어요(웃음). 뭘 어떻게 하든 다 멋있어 보이더라고요. 그때 저랑 가장 친한 친구도 보드를 갖고 있어서 잘 탔는데, 그 친구한테 보드 좀 빌려달라고 했어요. '틱택Tic-Tac'과 '턴Turn'부터 시도해 보면서 엄청 넘어졌는데도 재밌었어요. 뭔가 조금씩 가능성이 보이는 것 같고, 이걸 하는 저 자신이 좀 멋진 것 같고요.

멋있어 보이는 걸 할 줄 아는 나의 모습이 맘에 들었던 건가요?

맞아요(웃음). 그때는 지금처럼 유튜브 같은 게 없으니까 친구가 하는 걸 보고 따라 하는 게 전부였어요. 이후에 초고속 인터넷이 학교에 처음 보급되기 시작했을 땐 스케이트보드를 검색해서 GIF로 된 짧게 움직이는 이미지를 보고 외웠죠. 제가 가진 첫 보드가 중학생 때 부모님이 체육사에서 사준 2-3만원짜리 보드인데요. 그걸 닳도록 타면서 데크와 함께 점프하는 기술인 '알리Ollie'를 연습하는데 1년 동안 성공을 못했어요. 알고 보니까 그때 제 보드가 붕어처럼 끝이 뭉툭하게 생겼었는데, 튕기는 부분에 고무 브레이크가 달려 있어서 기술을 할 수 없는 거였어요. 아예 튕겨지지가 않는 거죠.

아…. 1년 동안 연습했는데!

잘 몰랐으니까 그럴 수밖에 없었죠. 그래서 새로운 보드로 시도하는데 진짜 조금 뜬 거예요. 같이 있던 친구들이랑 다 같이 환호성 지르고 놀라고…. 그때부터 다른 기술도 하나씩 배우면서 학교 끝나고 저녁 먹을 때까지 탔어요.

주변에 함께 타는 친구들이 많았어요?

그랬는데 고등학교 진학 하면서부터 많이들 그만뒀죠. 그와 동시에 새로운 친구들을 만나기도 했고요. 제가 다닌 고등학교가 교복 대신 사복을 입었어요. 복고 스타일이 유행하던 때라 너도나도 사복을 바짝 줄여 입고 다니는데, 보드 타는 저랑 친구들만 통 넓은 힙합 스타일이었거든요. 동네 주차장에서 보드를 타려는데, 저 멀리 면바지에 체인 달고 머리를 빡빡 밀은 형이 보드를 타는 거예요.

한 살 차이라도 선배는 무서우니까 가까이 가진 못하고 지켜보는데, 그 형이 우리를 먼저 부르더라고요.

왜요…?

쭈뼛거리면서 가니까 우리를 안다면서 같이 보드 타자고 하더라고요. 스타일만 봐도 무얼 하고 노는 지 알 수 있던 거죠. 그 형이 조세호예요.

네? 갑자기 예상하지 못한 인물이(웃음)….

그 형이 동네에서 제일 잘 타서 우리한테 기술도 많이 알려줬어요. 완전 추억이죠(웃음).

이쯤 되면 부모님은 어떤 반응을 보이셨을지 궁금해져요.

보드를 사주시긴 했지만 "그냥 해볼 테면 해 봐라!"라는 마음이셨을 텐데요. 공부도 안 하고 조금씩 다쳐서 들어오니까 슬슬 말리기 시작하셨어요. 한번은 정말 죄송했던 일이 떠오르는데, 보드를 소화전에 숨겨놓고 주말에 학교에서 자습한다고 거짓말하고서 평촌에 간 적이 있어요. 제가 강서구에 살았으니까 거의 두 시간이 걸리는 동네였죠. 그날도 재미있게 타는데 하필 넘어지면서 팔꿈치가 탈골된 거예요.

(인상을 찌푸린다.) 아이고, 꼭 무언가를 몰래 하려고 하면 일이 터지더라고요.

그러니까요. 아버지가 한참 뒤에 오셨어요. 혼날 줄 알고 잔뜩 움츠려 있는데 별말씀을 안 하시는 거예요. 그때 아버지께 복잡한 감정을 안겨드린 것 같아서 오히려 혼났을 때보다 마음이 안 좋았어요. 물론 그 이후에도 타는 횟수는 줄이지 않았지만요. 스케이트보드는 작은 실수가 큰 부상으로 이어지기 쉬워요. 발목이나 손목, 무릎 부상, 팔꿈치나 어깨 탈골처럼요.

부상이 큰데도 그만두지 않으셨네요. 다치고 나면 다시 보드에 오르는 게 무서울 거라고 생각했어요.

다시 탈 때 안 무섭다고 하면 거짓말이죠. 그러니까 조심스레 올라서 쉬운 기술부터 시작해 보는데요. 성공의 감각을 작게 꾸준히 쌓다 보면 어느새 원래 타던 것처럼 날아다니게 돼요. 지금 생각해 보면 저는 그냥… 보드가 좋았던 것 같아요. 새로운 기술을 습득하는 데 욕심도 있었고 보드와 일상을 함께하는 나한테 만족감이 컸어요. 친구들이랑 신촌이나 압구정으로 놀러 갈 때도 보드를 들고 다녔다니까요. 타지도 않고 불편했을 텐데(웃음).

장난스럽게 말씀하시지만 오래되고 단단한 애정이 느껴져요. 대학생 때도 꾸준히 타신 거죠?
대학생 때는 올림픽공원 근처로 이사 가서 거기서 타는 친구들이랑 친해졌는데, 그즈음 실력이 확 늘었어요. 음악이나 패션, 역사, 트렌드처럼 스케이트보드 문화에 대한 이해가 깊은 친구들이라 관련 매체나 잡지를 함께 보면서 많이 배웠고요. 데일리 그라인드를 함께 시작했던 원석이 형도 만나게 됐죠. 형이 머물던 뉴욕으로 스케이트보드 여행을 다녀오기도 했어요. 그 시절에는 스케이트보드 스팟으로 바르셀로나와 뉴욕이 떠올랐는데, 특히 바르셀로나는 길거리에서 보드를 타기 굉장히 좋다고 하더라고요.

바르셀로나는 매끄러운 화강암이나 대리석이 떠오른다면 뉴욕은 거친 콘크리트나 벽돌 같았어요. 서울에서의 저는 바르셀로나의 뉘앙스처럼 깔끔하고 정돈된 스타일을 추구했기 때문에, 뉴욕이라는 도시는 어떤지 궁금해졌죠. 밥 먹고 보드 타고 친구들과 놀면서 3개월 머물렀을 뿐인데 스타일이 많이 바뀌었어요. 기술이 단순하더라도 창의적인 면모를 좀더 중심에 두고요.

보드를 거론할 때 음악과 패션, 스타일 같은 취향의 영역이 빠질 수 없잖아요. 왜 그럴까요?
음… 그러게 말이에요. 제 생각에는 스케이트보드와 음악, 패션이 각각의 장르가 아닌 것 같아요. 그중에서 무엇을 골라 누린다기보다, 어떤 장르의 음악을

보드를 타기에 좋은 거리의 조건이 뭐예요?
스케이트보드를 탈 수 있는 벤치나 오르막길, 기물이 많다는 거예요. 그리고 그걸 매끄럽게 손질해 두었고요. 길거리에서 보드 타는 걸 낯설게 여기는 분들도 있는데요. 사실 스케이터들이 지나가는 길에 놓인 벤치나 계단, 경사로를 타기 시작하면서 다양한 기술이 만들어진 거예요. 일상생활에서 만나던 기물과 조형물을 본떠 스케이트 파크에 만들어 두거니까 스트리트 문화와 떼려야 뗄 수 없는 존재인 거죠.

화려한 기술이 일상생활에서 비롯되었다는 점이 신기하네요. 그런데 바르셀로나가 아니라 뉴욕으로 간 이유가 뭐예요?

좋아함으로써 그 음악을 향유하는 사람들과 패션이 비슷해지고 그들의 취미도 닮아가는 게 아닐까요? 영역이 겹쳐지며 만든 교집합 속에서 서브컬쳐를 깊게 탐구하는 거죠. 저만 해도 힙합 스타일의 옷을 좋아했고, 그 옷을 입은 사람들이 스케이트보드를 타서 시작하게 됐으니까요.

서울과 뉴욕은 스케이트보드를 즐기는 분위기도 확연히 다를 것 같은데 어때요?
저는 어디서 스케이트보드를 탄든 가방에 옷을 하나씩 꼭 챙겨 다녔어요. 땀이 많이 나니까 대중교통 이용하기 전에 갈아입으려고요. 한국에서는 그런 걸 암묵적인 매너라고 생각하잖아요. 뉴욕에서는 같이 타던 친구가 보드 타다가

미끄러지면서 티셔츠의 반이 찢어졌는데 아무렇지 않게
입고 다니더라고요. 땀으로 얼마나 젖었든, 옷이 어떻게
엉망이 됐든 다른 사람 시선은 신경 쓰지 않고 재미있게
즐겼어요.

**분위기를 부러 만들기 보다 자연스레 드러나는 게 인상
깊게 남았겠어요.**
맞아요. 그런데 그때는 스마트폰도 없고 가족이나
친구들과도 멀리 떨어져 있으니까 답답한 마음도 컸어요.
음식도 잘 안 맞았고요. 우리나라 예능 프로그램이
요일별로 있잖아요. 그럼 일어나서 밥 먹고 밤까지 보드
타고 놀다가 집에서 예능 보면서 일종의 향수병을 달래곤
했죠.

전혀 안 했어요. 그땐 스케이트보드로 돈을 번다는 건
상상도 할 수가 없었거든요. 제가 그만큼 잘 탔거나 주목을
많이 받았다고 하기도 어렵고요. 틈틈이 회사 생활을 했기
때문에 보드를 타는 건 취미였고, 데일리 그라인드는
부업 같은 의미였죠. 스케이터들의 소통 창구가 필요해서
커뮤니티로 시작했던 데일리 그라인드가 공식 홈페이지를
가진 웹진으로 성장했을 때도 회사를 다녔어요. 평일에는
야근도 많아서 주말에만 타는데, 그 시간을 기다리는 것
자체가 일상의 원동력이었어요. 보드가 아닌 다른 일을
해서 돈을 벌고 필요한 것 사서 쓰고 같이 타는 친구들 밥
사주는 게 좋았고요. 스케이트보드는 어떤 이해관계에도
빠뜨리고 싶지 않았던 것 같아요.

**새로운 시도에 거침없는 분이라고 생각했는데, 익숙한
환경도 중요한가 봐요.**
사실 저는 도전하는 거 별로 안 좋아하고요. 식당 가서
새로운 메뉴도 절대 안 먹어요. 일할 때도 굉장히
꼼꼼하게 체크하고 안정적으로 진행하는 걸 좋아해서
즉흥적으로 판을 크게 만들지도 않아요. 그냥 딱
스케이트보드에서만은 새로운 시도를 거듭하는 거예요.
그것도 곰곰이 따져보면 지금 이상의 기술을 구사하고
싶다는 목적의식이 뚜렷했기 때문 아닐까 싶어요.

**스케이트보드를 오랫동안 해온 것도 재미뿐 아니라
일상 속 안정적인 루틴이기 때문에 그럴 수도 있겠네요.
지금처럼 업으로 삼을 거라고도 예상하셨어요?**

**좋아하는 마음을 온전히 지키고 싶었군요. 그런데
이제는 데일리 그라인드를 도맡아 운영하고 있잖아요.**
일과 취미를 완전히 구분하고 싶었지만, 3년쯤 근무하니까
회사에서 온종일 보내는 시간이 아쉽게 느껴지더라고요.
회사를 그만둔 시기에 웹진을 함께 꾸려오던 형이
그만두면서 데일리 그라인드에 집중하게 된 건데요.
사실 막막하지 않을 리가 없지만, 한편으로는 자신감도
들었어요. 우리만의 독자적인 콘텐츠를 만들어볼
아이디어도 샘솟았고요.

한번 제대로 해보자는 마음이었을 것 같아요.
그렇죠. 근데 제가 회사에서 하던 일이 전기 설계나
배선 업무였기 때문에, 문서 작업이나 파워포인트를

다뤄본 적이 없었어요. 혼자 도맡게 되니 글도 써야 하고 포토숍도 좀더 전문적으로 할 줄 알아야 했고, 새로 배울 것투성이인거예요. 유튜브를 보거나 주변 친구들한테서 하나씩 깨우쳐 갔죠.

데일리 그라인드에서 스물일곱 살의 편집장님을 담은 인터뷰를 봤어요. "Skate Board는 어느새 내 생활의 가장 큰 부분을 차지하게 되었고, 먹고 살아가기 위해서 일하는 것보다는 계속 Skating을 하기 위해 일하는 느낌으로 여태껏 살아오게 됐다." 인상적인 문장이었는데, 지금은 어떤가요?
스물일곱 살…. 그때는 집 방문과 장롱, 책상에 스케이트보드 스티커가 마구 붙여져 있던 때네요. 지금과 그때는 다른 마음 같아요. 좋아하는 게 일이 되면서 데일리 그라인드라는 브랜드의 결과물로 나와 가족, 직원들의 일상이 지켜지는 거잖아요. 잘해내고 싶어요. 그래서 워커홀릭처럼 일에 몰두하는 건지도 모르겠어요.

그래도 편집장님에게 변함없는 보드의 매력을 꼽으라면 무얼까요?
첫째는 무조건 재미고요. 나이가 들면서는 좋아하는 게 같다는 이유로 만나게 된 친구들과 보내는 시간이 좋아요. 어울리고 교류하고, 더 나아가서 서로 존중하고 존중받는 시간에서 배우는 게 분명 있거든요. 계단을 뛰어야 할 때, 주변에서 응원을 해준다고 해서 저한테 그렇게 크게 와닿지는 않아요. 오히려 단 한 명이라도 함께 뛰어주는 친구한테 의지하게 되죠. 기술을 연습할 때도, 무언가를 무서워서 못 하고 있는 상황인데 같이 하는 친구가 시도하잖아요. 그러면….

해볼 만한데(웃음)?
네(웃음). 그건 어른이 되어도 똑같은 것 같아요. 얼마 전, 반스Vans에서 스케이트보드 행사를 열었는데 무척 어렵고 크고 무서운 기물이 많았어요. 한국 친구들은 쉽게 도전하지 못하고 서성이는데, 외국 친구들이 오더니 편하게 시도해 보고 슬쩍 뛰어보더라고요. 그걸 보던 한국 친구들도 하나둘 점프를 시도하다가 마지막에는 행사에 온 모두가 신나게 탔어요. 함께하는 사람과의 시너지가 분명한 분야라고 생각해요.

스케이터들만의 암묵적인 규칙이나 매너가 있는지도 궁금해요.
스케이트보드 마케팅에서 쉽게 보이는 걸 떠올리면 보드를 던지고 행인들과 시비 붙는 장면이 많거든요. 규율에 얽매이지 않는 듯한 자유로움이 보드의 매력이라고도

생각하지만, 사회적으로 봤을 때는 분명하게 지킬 선이 존재해요. 길거리에 보이는 기물들을 타는 건 스케이트보드 문화가 맞지만, 그걸 소유하고 이용하는 분들을 무시하는 건 문화가 아니에요. 그런 행위는 절대 안 될뿐더러 문제를 일으켜서 소중한 스팟을 잃게 되면, 한 사람의 실수 때문에 스케이터 전체가 피해를 보게 돼요.

스케이트보드의 영역에 대해서도 짚어보고 싶은데요. 자기표현의 수단이라는 점에서 예술 같기도 하지만 창의성과 기술, 목표에 대한 도전을 떠올리면 스포츠처럼 느껴지기도 해요.
한국에서는 보드라는 문화 안에 완전히 다른 영역 두 개가 존재해요. 우리나라에서는 국내외 대회에서 수상하는 친구들이 일명 '엘리트 코스'를 밟은 경우가 많아요. 거리로 나와 문화를 몸으로 직접 습득하기보다 훈련처럼 기술을 배우고 연마하는 거죠. 하지만 저는 사람들이 주목하는 스케이트보드의 매력 요소가 엘리트적인 배움이 아니라고 생각하거든요. 거리의 기물에 올라서고 넘어지는 자유로움, 누군가는 상상만 하고 현실로 옮기지 못하는 행위에 매력이 있다고 봐요. 규격화된 장소에서 남들과 경쟁하고 쟁취하는 데만 몰두하지 않길 바라요.

해외는 우리와 조금 다른가요?
일본의 예를 들어볼게요. 국가대표인 '유토 호리고메Yuto Horigome'라는 친구는 아시안게임에 출전해서 금메달도 따지만 패션이나 음악 등 스케이트보드의 다양한 면과 연결되어 있어요. 이렇게 기본기가 탄탄한 친구들이 거리로 나오면… 진짜 멋있어요. 예술과 스포츠로 나뉘지 않고 하나로 어우러지길 바란다는 생각을 어떻게 하게 됐냐면, 스케이터들과 '스케이트보드 문화 산업을 저해하는 원인은 무엇인가?'에 대해 대화를 나눈 적이 있어요. 그중 가장 큰 것은 우리나라에는 놀 게 너무 많다는 거예요. PC방 같은 것들이요. 보드를 훌륭하게 타고 어려운 기술을 해내는 것만 주목받기보다 문화가 가진 다양한 매력들을 알게 된다면, 굳이 잘 타지 않아도 좋아할 수는 있지 않을까 싶어요.

오랫동안 문화를 지켜보고 고민을 거듭한 결론이라는 생각이 들어요.
조금 '꼰대' 같을지도 모르지만요(웃음).

이제는 보드와 함께한 시간이 그렇지 않은 시간보다 훨씬 길잖아요. 세월이 실감날 때가 있나요?
외장하드에 아주 오래전 보드를 타는 제 영상과 사진부터, 제가 찍어준 친구들의 모습도 전부 갖고 있어요. 지금은

연락이 닿지 않는 사람들 것까지요. 가끔 둘러보면 그때
무슨 일이 있었고 어떤 감정과 마음이 들었는지 떠올라요.
스케이트보드 문화의 아카이브를 갖고 있는 사람이 거의
없을 텐데, 그걸 가진 사람이 바로 나라는 생각이 들면
지나간 세월도 실감 나고 그 세월을 기록한 것에 만족감이
들어요. 애틋하고 흥미롭고, 데일리 그라인드를 지켜보는
요즘 친구들에게도 재미있을 테고요.

**진부한 질문이지만 편집장님에게 보드는 어떤
의미일까요?**
저야말로 진부한 답일지도 모르지만, 어쨌든 제 삶이죠.
이게 없다면 삶을 영위하기가 힘들지도 몰라요.
스케이트보드가 있기 때문에 제가 이곳에 존재한다고
생각하고, 만약 보드를 타지 않았으면 어떤 사람들과 무얼
하고 있을지 상상이 안 돼요. 정말 재미없는 삶을 살고
있지 않았을까요?

혹시 스케이터로서의 마지막 모습도 상상해 보셨어요?
사실 마흔 살에는 은퇴하자고 생각했었는데요. 점점
가까워져서 쉰 살로 늘렸어요(웃음).

**(웃음) 조금씩 늘어나네요. 꾸준히 타기 위한 노력도
필요할 텐데요.**
이제는 관절도 삐거덕거리고 보드 한번 타러 가면 몸 푸는
것만 20-30분 해줘야 해요. 본격적인 기술도 굉장히
주의하면서 하는 편이고, 갔다 와서는 폼롤러랑 아이싱도
꼼꼼히 해주고요. 그렇지 않으면 다음 날 엄청 힘들어요.
근데 또 모르죠. 쉰 살이 가까워지면 좀더 늘릴지도.

**좋은데요? 스케이터는 언제나 벽을 뛰어넘잖아요.
편집장님에게 앞으로 넘고 싶은 벽이 있는지 궁금해요.**
보드가 아닌 다른 세상도 궁금해요. 글을 잘 쓰고 싶고
책을 많이 읽고 그림도 그리고 싶어요. 아, 농구도 멋있게
하고 싶고요!

이야기를 마치고 컬트공원으로 향했다. 누군가는 강아지와
산책을, 누군가는 운동 기구에 올라서서 스트레칭을,
또 다른 누군가는 벤치에 앉아 쏟아지는 낙엽비를 맞았다.
그리고 한편에 스케이터들이 있었다. 보드 바퀴가 공원
바닥을 신나게 내달릴수록 탄성과 웃음소리가 이어졌다.
과감하게 시도하다 찧은 엉덩방아도, 얼마 남지 않은
기물도, 이마에 떨어진 빗방울도 그들의 즐거움을 막지
못했다. 그 순간 컬트공원에 초대 받지 못한 불청객은
없었다. 각자의 즐거움에 충실한 우리들만 있을 뿐.

내 마음속에서 여전히 빛나는 당신에게.

나의 스포츠 스타

글 김정현, 김진영, 차의진, 최금수 일러스트 느효 에디터 차의진

내가
문제를 푸는 법

김진영
다큐멘터리스트이자
콘텐츠 디렉터. 지독한
번아웃을 겪으며
일하는 마음에 대한
다큐 에세이 《우리는
아직 무엇이든 될 수
있다》를 썼고, 일과
삶의 중심을 찾기 위해
서울을 떠나는 마음에
대한 책 《out of
seoul》을 썼다. 좋은
결과물을 만들어내는
과정과 태도에 관심이
많다.

같은 문제라고 모두 같은 방법으로 푸는 것은 아니다. 지난 항저우 아시안게임 스포츠 클라이밍 남자 콤바인 결승 중 볼더링 경기에 대한 이야기다. 결승에서 주어진 문제는 네 개였는데, 모두 무척 성격이 다른 문제였다. 여덟 명의 선수가 네 문제를 돌아가면서 풀고, 각 문제에서 완등을 해내면 만점, 어느 홀더까지 도달했느냐에 따라 부분 점수를 받는 방식이었다. 말도 안 되는 경사와 중력을 이겨내야 하는 문제도 있고, 경사와 중력을 이용할 수 없어 건물 외벽을 타듯 점프를 해야 하는(?) 문제도 있었다. 선수들의 극단적으로 다양한 기량과 기지를 끌어내기 위한 문제들이었다.

몇 해 전 콘텐츠와 무관한 취미를 찾다가 우연히 클라이밍을 시작했다. 매일의 목표가 몸을 만들기 위한 '운동'이라기보다 '나에게 주어진 문제를 푼다'는 표현도 좋았고, 끝까지 해냈을 때 '완등'이라는 표현을 쓰는 것도 좋았다. 무엇보다 문제를 풀어내는 과정에 정답은 없고, '완등을 해낼 나만의 답'을 찾을 때까지 계속해서 도전한다는 점이 무척 마음에 들었다. 같은 문제를 해결한 타인의 루트가 내게 힌트는 될 수 있지만, 나의 몸과 기량에 맞는 나만의 루트를 찾고 그걸 해내야만 완등을 할 수 있다. 마치 매일 일터에서, 삶터에서 마주하는 크고 작은 문제들을 대하는 태도를 배우고 수양하는 기분이다.

결승에 참가한 선수들 여덟 명 모두 체격 조건이나 각자의 강점이 무척 달랐다. 팔다리가 길어서 점프나 발 바꿈 없이도 다음 홀더를 훌쩍 잡아내는 선수도 있고, 유연하고 날랜 몸놀림으로 반동을 이용해 빠르게 다음 홀더로 넘어가는 선수도 있었다. 그날 경기의 해설을 맡았던 김자인 선수에 따르면, 체격 조건과 밸런스가 좋은 이도현 선수가 대한민국의 기대주라고 했다. 실제로 이도현 선수는 무슨 문제든 무난하게, 완등까지는 아니어도 무리 없이 중간 이상은 해내는 선수였다. 하지만 가장 내 눈길을 끈 사람은 천종원 선수였다. 무시무시한 악력이 강점이라는 그는 경사도 중력도 악력으로 이겨내곤 했다. 다만, 이를 활용할 수 없는 플랫(경사가 없는) 문제에서는 맥없이 무너지고 말았다.

우리의 일도, 삶도 마찬가지이지 않을까. 밸런스가 좋은 사람도 있고, 분명한 강점이 있는 사람도 있다. 그리고 안라쿠 소라토 Anraku Sorato처럼 천재적인 사람도 있다(결승전의 네 문제를 모두 풀어낸 유일한 선수다). 어릴 때는 안라쿠 소라토처럼 무슨 문제든 척척 풀어내는, 재능이 도저히 감춰지지 않는 그런 사람을 동경했고, 그렇게 되고 싶었다. 그런 건 타고나야 한다는 걸 알고 난 뒤부터, 그리고 강점과 약점을 알 만큼 커리어가 쌓이고부터, 나의 한정된 자원을 강점을 더욱 키우는 데 써야 할지, 부족한 점을 메우는 데 써야 할지 늘 갈등한다.

운동선수로서는 적지 않은 나이인 스물일곱에(이번 아시안 게임에서 금메달을 딴 안라쿠 소라토 선수와는 열 살 차이다), 6년 전 아시안 게임에서 금메달을 따고도 여전히 새로운 도전을 하는 천종원 선수는 다음 대회를 위해 어떤 준비를 할까? 남들과 다른 방식으로 플랫을 푸는 방법을 발견하는 데에, 그의 압도적인 강점을 활용할 방법을 찾는 데 집중하지 않을까. 언젠가 그만의 방법으로 플랫 문제 역시 멋지게 풀어낼 것이다. 이번 아시안게임에서 '저 문제 저렇게 푸는 거 아닐 것 같은데.' 하는 문제도 그는 그만의 강점으로 응했고, 그러한 도전을 지켜보는 게 무척 긴장이 되었지만 결국 해내는 모습에 함께 희열을 느끼며 짜릿했다. 나도 앞으로도 그렇게, 즐거운 긴장과 희열을 잃지 않는 마음으로 일하고 싶다.

제라드의 축구에는
한 방이 있다

김정현

프리랜서 에디터로
일한다. 에세이
《나다운 게 뭔데》를
썼고, 유튜브 채널
'현정김'을 운영한다.
지금은 축구를 하지
않는다.

나는 '니밥풀 FC' 소속이었다. 중앙 미드필더였다. 유니폼은 맞추지 않았지만 등번호는 8번이었다. 나 혼자 그렇게 생각하며 경기를 뛰었다. 팀명과 포지션과 등번호를 보고 떠오르는 축구 선수가 있다면 당신이 생각하는 그 사람이 맞다. 리버풀 FC의 전설, 스티븐 제라드Steven Gerrard. 나는 남중동 제라드였다.

운동선수는 많다. 잘하는 운동선수도 많다. 하지만 누군가의 인생에 진한 기억을 남기는 선수는 별로 없다. 스포츠 스타라는 이름은 아무에게나 주어지는 게 아니다. 강렬한 임팩트를 주는 선수만 스타라는 칭호를 얻는다. 그 강렬한 임팩트를 우리는 뭉뚱그려 '스타성'이라 말한다. 조금 더 속 시원하게는 '간지'라고 부른다. 실력 있는 선수는 많지만 간지까지 갖춘 선수는 많지 않은 게 현실이다. 제라드는 둘 다 가진 선수였다.

그의 간지는 한 방에서 나왔다. '유틸리티 플레이어'로 불릴 정도로 다재다능하지만 역시 제라드 하면 중거리 슛을 빼놓을 수가 없다. EPL 역대 최고의 중거리 슈터로 회자되는 만큼 제라드는 폭발적인 킥력을 자랑했다. 긴 다리로 성큼성큼 달려가서 가속도를 실어 냅다 발등 정중앙으로 후려버리는 이토록 통렬한 슈팅. 그 환상적인 중거리 슛의 진가는 승패의 기로에 선 팀의 운명을 결정짓는 순간에 빛을 발했다.

2005-2006 시즌 잉글랜드 FA컵 결승전을 기억한다. 리버풀 FC와 웨스트햄 유나이티드 FC의 경기였다. 후반 46분, 종료 휘슬이 울리기 직전. 리버풀은 3 대 2로 뒤지고 있었다.

욘 아르네 리세John Arne Riise가 올린 크로스가 상대 수비수에 막혀 튕겨져 나왔다. 공은 페널티 박스를 벗어나 점점 멀어진다. 두 번의 바운드를 거치며 힘을 잃어가던 그때, 제라드가 나타났다. 제라드는 있는 힘껏 슈팅을 날렸다. 공이 세 번째로 바닥에 닿기 직전이었다. 모든 기운이 일순간에 맞아떨어진 듯한 완벽한 타이밍의 인스텝 킥. 눈 깜짝할 새에 공은 골대 좌측 하단에 꽂혔다. 승부를 원점으로 돌리는 골이자 연장전의 기회를 만들어낸 골이었다. 결국 승부차기까지 간 끝에 리버풀은 우승컵을 거머쥐었고, 제라드는 MOM(Man of the Match)에 선정된다. 2 대 0으로 지고 있던 팀의 멱살을 잡고 2골 1어시스트라는 기록을 세우며 대역전극을 찍었으니 지극히 당연한 결과였다.

이런 짜릿한 드라마를 제라드는 잊을 만하면 썼다. 오죽하면 '결승전의 사나이'라는 닉네임까지 있었을까. 적군에게는 좌절을, 아군에게는 환희를 안기는 든든한 해결사. 그는 팔에 완장 달고 똥폼만 잡는 꼰대 주장이 아닌 팀원 모두가 의지하는 진정한 캡틴이었다. 물론 흠이 없는 선수는 아니었다. 절묘한 한 방이 치명적인 한 방이 될 때도 적지 않았다. 실수를 해도 꼭 뼈아픈 실수를 하던 우리 형. 좋든 싫든 임팩트 하나는 제대로 남기는 화끈함 역시 '원 오브 뎀 플레이어'가 아닌 '원 앤 온리 스타'의 조건일지도 모른다.

화끈함이라고는 찾아볼 수 없던 이리동남초등학교 니밥풀 FC의 8번 선수가 안필드의 그라운드를 종횡무진 누비던 오 캡틴, 마이 캡틴을 부르짖은 건 그런 이유 때문이었을 것이다. 나는 제라드처럼 질주하듯 살고 싶었다. 시원시원하게, 꼭 필요한 한 방을 터뜨려 가면서. 그 바람은 여전히 유효하다.

따뜻한 비즈니스맨

최금수
대학 마지막 학기
재학 중, 백수(진)
취업준비준비생, 4년
동안 법을 전공했지만
뇌 속에 법적 지식은
전무하다. 현재 웹진
'ruff'를 운영하며 글을
쓴다.

한국 땅에 발을 딛는 순간부터 압박감은 외국인 선수의 어깨를 짓누른다. 비싼 몸값의 외인은 한국 선수 셋을 합친 정도의 역량을 보여줘야 한다. 성과를 내지 못한다면 리그 개막 두 달이 채 되지 않은 시점에 귀국행 비행기에 오르게 된다. 그렇다고 외인이 완전한 '을'인 건 아니다. 뛰어난 성적을 낸 외인들은 원 구단의 잔류 요청 따위는 거들떠보지도 않은 채 일본행, 미국행 비행기에 몸을 싣는다. 외인과 구단은 철저한 비즈니스 관계다.

서른 살의 미국 출신 외인 더스틴 니퍼트Dustin Nippert는 신기한 선수였다. 203센티미터라는 큰 키의 그는 야구 선수보다는 농구 선수에 더 가까워 보였고, 그런 이유 때문인지 썩 믿음이 가진 않았다. 그의 첫 등판은 라이벌 LG와의 개막전. LG 팬인 친구와 함께 경기를 시청한 그날의 기억이 선명하다. 내 예상과 달리, 그는 큰 키와 긴 팔로 LG 타자들을 압도했다. 이닝을 거듭할수록 친구 얼굴은 울상이 됐고, 나는 의기양양한 표정으로 친구를 놀려대던 기억이 난다.

그날 이후로 내가 제일 좋아하는 선수는 니퍼트였다. 그가 선발이면 생중계를 풀로 시청했다. 그를 보기 위해 세뱃돈을 털어 부모님 몰래 잠실구장에 갔다(아쉽게도 그날은 5실점을 하며 조기 강판당했다). 그가 잘 던지면 한 주 내내 기분이 좋았고, 패전 투수가 되거나 투구 내용이 좋지 못하면 한 주 내내 죽상이었다. 첫 유니폼 마킹은 당연히 '니퍼트'였다. 내게는 아이돌과 유럽 축구 스타 대신 더스틴 니퍼트가 있었다.

첫 시즌을 성공적으로 보낸 니퍼트는 두산과 재계약 도장을 찍는다. 한국을 떠날 줄 알았던 그가 계속 함께한다는 걸 알게 된 당시 나는 정말 뛸 듯이 기뻤다. 그는 그렇게 두산의 에이스로서 구단과 동행을 이어 나간다. 2012년, 2013년…. 2014년을 앞두고는 일본 구단의 오퍼가 들어오지만, 그는 '한국이 좋아서'라는 바보 같은 이유를 대며 두산에 잔류한다.

2015년, 위기가 찾아온다. 부상으로 제 기량을 보여주지 못하며 최악의 성적을 기록한다. 니퍼트와 두산은 이별 직전까지 가지만, 그는 포스트 시즌에서 완벽한 '부활투'를 선보이며 14년 만에 찾아온 우승의 1등 공신이 된다. 그 활약으로 한 번 더 재계약한 2016년엔 리그 최고의 투수로 자리매김하며 시즌 MVP를 수상한다.

아쉽게도 영원한 건 없는 법이다. 2017년, 정규 시즌에서의 애매한 활약, 한국시리즈에서의 부진으로 재계약에 실패한다. 외인으로서는 이례적일 정도로 팀에 애정을 갖고 헌신했지만, 그렇다고 시장경제 논리의 예외가 될 수는 없는 법이었다. 최근 조롱당하는 모 사이비 경제 유튜버가 지껄인 것처럼 자본주의는 차갑고, 부진한 선수에게 자본주의는 더더욱 차갑다. 그는 2018년 KT와 계약을 마지막으로 선수 생활을 마무리한다.

왜 그를 그렇게까지 좋아하느냐고 묻는다면, 뛰어난 실력 때문이라는 답을 할 수도 있겠지만…. 차가운 비즈니스 관계 속에서도 바보처럼 따뜻하고, 계산적이지 않던 그런 모습들이, 그를 아직까지 좋아할 수밖에 없는 이유지 않나 싶다. 공수 교대 때마다 야수들을 기다려 주고 마지막이 돼서야 더그아웃에 들어가던 그의 모습, 특별한 이유 없이 한국을 좋아해 주던 그의 모습, 서투른 영어로 사인을 요청해도 항상 웃으며 받아주던 그의 그런 모습들 말이다.

걱정 없는
당부를 전하며

여자라면 누구나 동경하던 언니가 있다. 뭐든지 따라 하고 싶고, 닮고 싶은 그런 언니. 남자
형제 사이에서 커서였을까? 어릴 때부터 줄곧 그런 언니를 찾았고, 열렬히 좋아했다.
그중 한 명이 김연아 선수였다. 소녀라면 동경하지 않을 수 없고, 여왕이라는 말이 누구보다
잘 어울리는 사람. 당시 초등학생이던 나에게 김연아 선수는 엘사 그 자체였다. 나의 '연느'는
반짝이는 옷을 입고 은반 위를 너풀거렸고, 모두의 사랑을 받았다.

그가 밴쿠버에서 경기를 치르던 날을 기억한다. 가족 행사가 있었는지 평소와 달리 수학 과외
선생님 집에는 사람들이 가득했다. 공부방 문 너머로는 티브이 소리가 간간이 들렸다. 얼마 안
있어 선생님의 어머니가 방문을 슬며시 열었다. "이것 좀 보고 해." 텔레비전에서는 김연아
선수가 경기장에 들어서고 있었다. 김연아의 경기는 과외를 잠시 쉬어가기에 충분한 이유였다.

당시 작품은 2010 밴쿠버 올림픽의 '거슈윈 피아노 협주곡 바장조'. 결론부터 말하자면
그 연기는 그야말로 완벽했다. 여자 피겨 역사상 최고점을 얻은 경기였다. 하지만 지켜보는
사람은 그가 넘어지지 않기를 간절히 바랄 뿐이었다. 기술을 시도하기 위해 가속을 붙이는 것
같으면, 몸은 바짝 움츠러들었다. 그가 공중에 날아오를 때는 숨을 잠시 참았고, 다시 사뿐히
내려앉으면 그제야 다시 숨을 쉬었다. 그 팽팽한 긴장감이 선생님의 집에 있는 모두에게
느껴졌다. 걱정하지 말라는 듯 김연아 선수는 한 번의 실수 없이 경기를 마쳤다. 그런데 집에
있는 모두가 덤덤했다. 당연히 1등을 할 줄 알았던 것처럼. 티브이 채널은 예능으로 넘어갔고,
자연스럽게 공부방 문은 닫혔다. 선생님이 아무렇지 않게 다시 수업을 시작하던 그때,
그 집에서의 묘한 기분을 난 여전히 잊지 못한다.

김연아 선수는 늘 당연한 기대를 짊어지고 살았을 것을 떠올려 본다. 밴쿠버 올림픽 당시
그가 겨우 스물 한 살에 불과했다는 걸 생각하면, 지금의 나보다 어렸을 그의 어깨가 얼마나
무거웠을까 싶다. 어릴 때는 단순한 동경으로 그를 바라봤지만, 20대를 살아가는 지금은 그때의
그를 생각하면 아린 마음이 앞선다.

김 선수를 향한 나의 걱정 어린 마음과는 다르게, 사실 그는 사람들의 기대에 크게 동요하지
않았던 것 같다. 동요하지 않았다기보다는, 기대를 건강히 이겨냈다고 하는 게 맞겠다. 얼마 전
출연한 모 방송에서 힘들지 않았냐는 질문에 줄곧 덤덤한 모습을 보여준 그다. 직장인들이 매일
회사에 가는 것처럼 선수 생활은 시즌을 준비하고 끝내는 일의 연속이었고, 은퇴 때는 해방감만
남았다면서.

김연아 선수에 관한 유명한 '짤'도 있다. 무슨 생각을 하면서 스트레칭을 하냐는 질문에
"무슨 생각을 해…. 그냥 하는 거지."라고 답했던 장면. 그는 생각보다 단순하게 선수 인생을
살아냈다. 세세한 걱정은 뒤로하고, 본인의 선수 생활에 아무런 아쉬움이 없다고 회상할 정도로
훈련에 훈련을 거듭했다. 그를 보면서 나라는 원에서 이리저리 튀어나온 생각의 돌기들을
다듬어, 삶이라는 길을 매끄럽게 나아가기로 마음을 다잡는다.

그가 앞으로의 인생도 씩씩하고 무던하게 걸어가리라 생각해 본다. 다만 이제는 누군가의
기대와 틀에서 벗어나 마음껏 자유롭기를 바란다. 그런 삶도 잘 해낼 것을 믿는다. 내 생애 가장
목소리가 커진 이 자리를 빌려 전한다. 언니, 그 자리에 있어줘서 고마웠어요. 늦었지만 결혼
축하합니다. 행복하세요!

차의진
《AROUND》 에디터.
글 써서 밥 먹는 어른이
되고 싶다는 꿈을
이뤘다. 참, 아직 어른
되기는 멀었다. 항상
기뻐하고 늘 기도하며,
모든 일에 감사하는
어른이고 싶다.

Interview Collections

좋아하는 나를 위해

어떤 동요는 모두 함께 즐거웁게 춤추자고 했다. 3년 넘게 훌라 수업 '훌라당'을 운영하는 댄서 하야티의 삶은 그
노랫말과 닮았다. 혼자보다는 여럿이 함께 춤추기를 좋아하고, 놀기 위해 몸을 부단히 움직이는 사람. 훌라가 '내 안의
바다를 꺼내는 춤'이라는 그는 넘실거리며 자유롭고 경쾌한 모양의 파도를 보여줬다. 내가 꺼낼 바다는 어떤 모양일까.
그가 건넨 꽃핀을 꽂은 거울 속 나를 마주했을 때, 하야티와 함께 춤추고 싶어졌다.

둥글게 둥글게

하야티—훌라 댄서

에디터 차의진
포토그래퍼 이종하

만나서 반가워요.

안녕하세요, 훌라 댄서 하야티예요. 댄서는 춤을 혼자 추기보다 사람들을 춤추게 만드는 역할이 더 크다고 느껴요. 그래서 사람들을 춤추게 만드는 사람이라고 저를 소개해요. 하와이의 훌라를 정기적으로 배우는 '훌라당' 수업을 주로 서울에서 운영하고, 전국 각지에서 원데이 클래스도 열어요. 훌라 말고도 좋아하는 춤이 많은데, 사람들과 같이 추고 싶어서 세상의 모든 춤을 배우는 '세모춤'이라는 프로젝트도 해왔죠. 또 재밌는 일들을 꾸며보고 있어요.

그동안은 어떤 춤을 배웠어요? 다양한 춤을 출 수 있다고요.

누구나 어릴 때는 신나면 춤을 춰요. 크면서 잊어버리거나 춤과 멀어졌을 뿐이에요. 저도 시작은 태어나서부터였겠지만, 춤을 좋아한다는 건 학창 시절에 처음 알았어요. 수련회에 가면 사람들이랑 춤추는 프로그램 같은 걸 하잖아요. 저는 그게 너무 좋고 재밌는 거예요. 사람들과 교감하는 게 좋았어요. 그때부터 춤을 좋아하지 않았나 싶어요. 학창 시절은 방송 댄스를 추면서 보냈어요. 성인이 되고 나서는 눈에 띄는 수업은 전부 따라 다녔고요. 현대무용, 발레, 스윙, 솔, 아프리카 댄스, 삼바… 한국무용 중 하나인 진도북춤도 배웠죠. 배우고 싶은 게 아직도 많아요.

그중에서도 훌라와 가장 밀접하게 살아가는 이유가 있어요?

다른 춤도 재밌지만, 훌라가 몸에 잘 어울리고 영혼에도 편안하다고 느꼈어요. 다른 사람들도 하야티가 훌라를 출 때 정말 아름답다고 해요. 에너지를 막 쏟아내는 춤도 있지만 저는 훌라 에너지가 가장 잘 맞는 것 같아요.

훌라가 하야티 씨의 몸에 긍정적인 영향을 주는 것 같아요.

일주일에 한 번 정도 배우면 변화를 느끼기가 어려운데요, 저는 수업을 하면서 거의 매일 네 시간에서 여섯 시간 정도 추다 보니 변화를 빨리 느꼈어요. 훌라는 무릎을 굽혔다 펴야 해서 허벅지가 굉장히 튼튼해져요. 덕분에 전보다 체력이 확실히 좋아졌다는 걸 축구 하면서 많이 느끼기도 했어요. 그리고 계속 바른 자세를 유지해야 하는데요, 이제는 평소에 허리도 안 아파요.

생각보다 본격적인 운동이 되네요?

맞아요. 백조도 편안해 보이지만 물속에서는 발을 빠르게 움직이고 있잖아요. 발레도 가뿐해 보이는데 실제로는 전쟁이고요. 훌라는 편안하고 자유로워 보이지만, 실제로 제 허벅지는 불나고 있어요…. 편안해 보이기 위해서 많은 연습을 하는 거예요.

마음에도 변화가 있었나요?

스트레스에서 많이 멀어졌어요. 무엇보다 제가 하고 싶은 일을 하는 것 그리고 사람들이 훌라를 추며 행복해하는 모습을 보는 데서 오는 만족이 정말 커요. 훌라당 수강생들을 '훌라당원'이라고 하는데요, 평일 근무를 마치고 "저 훌라 가야 해요!" 하고 야근도 제쳐두고 오시는 당원들도 있어요. 오셔서 "이번 주도 힘들고 바빴어요."라고 이야기하시다가 나갈 때는 얼굴색이 바뀐 채로 가세요. 짧은 수업 시간이 사람들의 일주일에도 큰 영향을 주나 봐요. 또 그 변화가 주변 사람에게도 흘러가고요.

다른 사람의 변화를 본다는 건 기쁜 일일 듯해요.

누군가를 행복하게 만드는 법은 여러 가지가 있겠지만, 저는 그게 춤이에요. 훌라당에는 본인을 춤추는 사람으로 단 한 번도 인식하지 않았던 분들이 많이 오세요. 그러다 본인도 이 세계에 속할 수 있다는 걸 알게 되는 모습을 볼 때 저는 희열을 느껴요.

그래서 사람들을 춤추게 하는 걸 좋아하나 봐요.

맞아요. 그리고 저는 뭐든지 사람들이랑 함께하는 게 더 행복하다고 느껴요. 사람마다 다른 움직임을 보는 것도 재밌고요. 하와이의 전문 훌라 팀은 손끝 각도 하나까지 맞추는데, 그런 군무를 훌라의 높은 경지로 여겨요. 그런데 저는 몸의 역사가 저마다 다른 분들이 모여 각자의 에너지를 내는 게 너무 재밌어요. 혼자 출 때는 느끼기 어려운 거잖아요.

춤출 때 가장 좋아하는 차림이 있어요?

꽃핀을 좋아해요. 평소에 꽃을 머리에 꽂으면 사람들이 약간 이상하게 생각하잖아요. 근데 꽃을 꽂으면 기분이 너무 좋거든요. 당원들이 수업에 와서 꽃을 꽂고 치마를 입는 것만으로도 시공간이 달라지는 것 같아요. 사람들이 그런 모습으로 인사하면 행복해요. 꽃핀의 힘이랄까요. 이따 한번 꽂아보세요. 꼭 사진도 찍고요.

그럴게요! 하야티 씨가 소개하는 훌라가 궁금해요.

'내 안의 바다를 꺼내는 춤'이라고 소개해요. 하와이에서 훌라를 배울 때, 하루는 은색 달이 뜬 밤바다에서 춤을 췄어요. 달빛이 바다를 비추는 곳이요. 그때 선생님이 '네가 보고 듣고 느끼는 바다의 소리와 냄새, 모양을 잘

기억해 두고 서울에서 그 바다를 꺼내서 출 수 있어야
한다.”라고 말씀하셨어요. 그때 훌라가 삶에서 만나는
자연과 풍경, 존재들을 감각하고 그것들과 맺은 관계를
꺼내는 과정이 중요한 춤이라는 걸 깨달았어요. 어디서든
내가 좋아하는 바다 풍경을 꺼내면 돼요. 그러면 그곳이
하와이도, 동해도 될 수 있는 거죠.

**훌라당을 시작하며 쓴 글 〈훌라당 창당을 기념하여〉를
인상 깊게 읽었어요. 수업은 어떻게 시작하게 됐어요?**
사람들을 춤추게 하는 경험은 훌라당 시작 전부터
쌓아왔어요. 코로나로 심심하던 차에, 자격증을 따보라는
선생님의 권유가 있었어요. 마침 동료가 자격증반을
수강한다는 이야기에 나도 해볼까 하고 시작했죠.
자격증반이 끝나고 수업을 열어볼까 했는데, 당시 강사가
혼자 수업을 여는 일은 생각하기 어려웠어요. 주로
공공 기관이나 문화센터를 통해 하는 편이었죠. 하지만
그곳에서 수업하기에 저는 너무 어리고 경력도 없었어요.
내 안에 충분한 능력이 있지만, 그 기관들은 저의 빛남을
알아보기 어렵다고 생각했죠. 자연스럽게 혼자 수업을
열었는데 여기까지 왔네요. 이번 여름에는 3주년 파티를
했어요.

**당원들이 연습실에 들어와서 나갈 때까지 수업은 어떻게
진행되나요?**
대부분 춤 수업은 첫 시간에 간단한 자기소개만 하고
다음부터는 연습만 하고 헤어져요. 훌라당에서는 매번
제일 먼저 근황을 나누죠. “저는 어떤 책을 좋아해요.
저도요”, “이번에 토마토를 심었어요. 어떤 토마토
키우세요?” 이렇게요. 다양한 삶이 존재한다는 걸 보는 것
자체가 삶의 응원과 용기가 된다고 생각해요. 저는 대학에
다니지 않았는데 다양하게 사는 친구들을 만나면서 낙관
같은 걸 얻었거든요. 그 시간이 훌라당의 핵심적인 가치를
만든다고 생각해서 항상 그렇게 수업을 시작해요.

그다음은요?
‘에호마이E Hō Mai’를 하며 몸과 마음을 준비해요.
에호마이는 노래와 춤 속에 숨겨진 특별한 지혜를 나에게
가져다 달라는 뜻의 하와이언 의례예요. 일상의 이야기를
나누고 춤이라는 다른 세계로 들어가기 전, 온전히 댄서로
집중할 수 있는 과정을 만들고 싶었어요. 끝나고 일상으로
돌아갈 때 또 해요. 눈을 감은 채 서로 손을 잡고 네 번
호흡한 뒤, 에호-마-이, 이렇게요. 생각을 정리하는 데
좋아요. 그러고 나서 춤출 곡의 가사를 같이 읽어보고
춤을 배운 다음, 서로에게 춰줘요. 내 옆 친구들이 얼마나
아름다운지를 보는 귀한 시간이에요.

홀라당이 커지며 댄스 페스티벌도 열었어요.
제 꿈은 훌라뿐만 아니라 다양한 춤이 섞이는
댄스 페스티벌을 만드는 거예요. 그래서 이름도 홀라당
댄스 페스티벌이에요. 홀라당 1주년을 맞아 돌잔치를
연 게 계기고요. 20대를 보내며 기념하고 싶은 걸
자신만의 방식으로 기념하는 일이 재밌다는 걸
경험했거든요. 친구들이랑 배추와 무를 직접 키워서
김장철 되면 같이 김장도 하고, 집에 모여서 감자 요리를
해 먹는 감자 축제도 열었어요. 홀라당에서도 그런 행사를
자연스럽게 하게 됐고요. 잔치를 준비하는 게 저한테는
당연하고 기쁜 일이에요.

**'하야티 또 재밌는 거 한다'의 준말, '하또재' 행사도
열고 있죠. 최근 새로운 하또재를 했다고요.**
홀라당 첫 수업에 참여했던 '스튜디오 글래머샷'과
함께하는 훌라 댄서 프로필 촬영을 기획했어요. 저는
다른 분들 촬영하는 세 시간 내내 "여기 보세요, 미소,
다시 손 들어보세요." 했어요. 힘들었지만 결과물이 잘
나와서 기뻤어요.

요즘 어떤 운동을 하며 지내요?
요즘은 풋살을 해요. 그리고 자전거를 타요.
운동이라기보다는 이동 수단 같은 느낌이에요. 하루에
네 번은 타는데, 어쨌든 건강에 도움이 되지 않을까요?
탁구와 수영, 프리 다이빙도 좋아해요. 발목을 조심하려고
격한 운동은 피하고 있어요. 다른 장르 춤 수업은 계속
들어요. 타히티 전통 춤 '오리 타히티'도 배웠고,
얼마 전에는 트월킹 수업도 들었어요.

하야티 씨에게 운동은 어떤 의미예요?
저한테 운동은 노는 방법의 하나예요. 노는 걸 좋아해요.
좋아하는 걸 넘어서 삶의 필수적인 요소라고 생각하고요.
작년 생일에는 친구들을 모아 피구 경기를 했고, 홀라당
야외 수업에서는 수건돌리기도 했어요. 너무 재밌잖아요.
보통 일을 다 하고 나서 논다고 생각하는데, 저는 놀려고
일해요. 여행도 놀이잖아요. 그걸 위해서 돈을 벌고요.
항상 잘 놀아야 한다는 걸 잊지 않아야 한다고 생각해요.

선명하게 남은 운동의 기억이 있어요?
고등학교 때는 춤을 업으로 삼아야겠다는 생각을
안 했는데 정말 열심히 춤을 췄어요. 애들 모아서 춤
가르치고, 하루 종일 공연 연습하고…. 그리고 고등학교가
남녀공학이었는데 매년 봄마다 여자 축구 리그가
있었어요. 모든 학년 여학생을 골고루 섞어 팀을 만들죠.
공만 있으면 뛰어갔는데 정말 재밌었어요. 얼굴이

시뻘게지고, 넘어져서 울고, 결과 때문에 울고…. 그런
뜨거운 경험을 했네요. 춤추고 차가운 연습실 바닥에서
두근거리는 심장 소리를 듣거나, 축구 하고 학교 옆
계곡에서 물놀이도 했죠. 오랫동안 남아 있는 기억이에요.

저도 경기에 져서 울어본 적이 있어요.
어른들도 마찬가지예요. 스포츠는 사람 정신을 미치게
만들어요. 그 공 하나에 땀 흘리고 피 흘리고.

**곧 하와이로 여행을 떠난다고 알고 있어요. 계획이
뭐예요?**
제가 속한 한국훌라협회 강사끼리 일주일 동안 훌라
연수를 받아요. 춤도 배우지만 목에 거는 생화 레이도
만들고, 훌라와 관련된 유적지나 문화 탐방도 해요. 이후
3주는 놀 계획인데 일단 매일 바다에서 수영할 거예요.
스노클링도 하고 훌라용품 쇼핑도 하고요. 이번엔
스카이다이빙이 목표예요. 처음 하와이에 갔을 때부터
매번 예약했는데, 갈 때마다 못 했거든요. 이번에는 꼭
하고 싶어요.

이번 한 해는 어떻게 보냈어요? 내년 목표도 궁금해요.
열심히 일했다. 잘 놀긴 했지만 비교적 덜 놀았다.
내년에는 더 열심히 놀아야겠다. 이렇게까지 삶의 중심에
일을 크게 둔 적이 처음이에요. 이런 경험도 좋았어요.
지금을 잘 즐기고 있습니다.

**마지막 질문이에요. 운동을 사랑하는 모든 사람에게
하고 싶은 말이 있어요? 춤도 좋고요.**
꾸준히 운동한다는 건 어려운 일이에요. 그 어려운 일을
하는 사람이라면 충분히 뿌듯해도 될 것 같아요. 자신을
기특해하면 좋겠어요. 운동하면 본인의 멋짐에 취하게
되죠. 그런데 그래도 된다고 생각해요. 춤은… 춤을 이미
사랑하게 됐다면 제가 할 말은 딱히 없어요. 그냥 우리
같이 춤추는 일만 남은 거죠. 동지 여러분, 우리 함께
즐겁게 춤을 춥시다.

바다 건너 저 너머에 살고 있는 한 가족을 알게 됐다. 안전모를 꼭 챙겨 쓴 네 가족은 자전거 옆에서, 풀과 꽃이 무성한
산책로에서, 트렁크가 시원하게 열린 차 뒷좌석에서 카메라를 응시한다. 사진은 분명 소리를 담지 못하는데, 경쾌한
웃음과 계절의 기척이 들린다. 그 가족의 기록이 어찌나 오붓하고 자연스러운지 살며시 노크하고 싶어졌다. 저기요, 어딜
그렇게 가시나요?

내키는 대로 내딛는

타로—도쿄 나카모토 가족

에디터 이명주

사진 타로

**한국에서 나카모토 가족을 지켜봤어요. 이야기 나누게
돼서 기쁘네요.**

일본 도쿄에 살고 있는 나카모토 타로Nakamoto Taro입니다.
대단히 특별한 점은 없는 보통의 가족이라고 생각했는데
우리에게 흥미를 가져줘서 고마워요. 한국에서 온 연락이
반가웠어요. 제가 사실 대학교에서 한국어를 공부한 적이
있거든요. 지금은 전부 까먹고 '사기꾼', '바람피우다'라는
말만 알고 있지만요(웃음).

**범상치 않은 단어네요(웃음). 타로 씨의 가족을 소개해
줄래요?**

저와 아내 유키, 초등학교에 다니는 여섯 살 첫째 딸과
세 살인 둘째 딸이에요. 자전거와 불고기를 무지 좋아하는,
어디에나 있을 법한 가족입니다. 도쿄에서도 서부 도시인
조후에 살고 있어요. 조후는 자연이 풍부하게 펼쳐져 있어
'여유롭게 살 수 있는 곳'이라는 이미지가 있어요.
또 도쿄의 중심인 신주쿠나 시부야에도 전철로 20분
정도면 도착하기 때문에 문화생활을 즐기기에도 좋습니다.

**온 가족이 옥상과 베란다를 자유롭게 누비던데
단독주택에 살고 있는 건가요?**

우리 집은 3층 건물 꼭대기에 있어요. 1층은 자재 보관소,
2층은 1인 공간 임대로 쓰이고, 옥상을 포함한 주거
공간이 3층에 자리해 있죠. 옛날에는 건물이 2층까지
있었다고 하던데, 집주인이 여생을 보내기 위해서
꼭대기에 단층집을 지은 것 같아요. 우리답게 살기에도,
아이들이 맘껏 뛰어놀기에도 좋은 집이에요.

**나카모토 가족에게 우리답게 산다는 건 어떤 의미인지
궁금하네요.**

원래는 도심 한복판에 살았어요. 도심은 교통도 편리하고
친구들도 쉽게 만날 수 있어서 좋았거든요. 하지만 창문을
열면 바로 옆에 다른 집이 붙어 있는 밀집된 주거 환경이
스트레스였어요. 도심의 여운과 편리함을 충분히 느낄 수
있으면서 느긋한 환경과 넓은 집을 만나고 싶었죠. 그래야
우리가 다른 누구의 영향을 받지 않고 자연스럽게 살 수
있을 거라고 생각했고요. 그런 타이밍에 유키가 임신을
하면서 이곳으로 옮기게 된 거예요. 벌써 7년쯤 되었네요.

**여기서는 충분히 만족스러운 생활을 하는 것처럼
느껴졌는데, 어떤가요?**

그럼요. 지금 머무는 곳은 베란다도 넓고 눈 앞에는 큰
강이 펼쳐져 있어요. 우리 가족을 막을 건 아무것도 없죠.
여름에는 온 가족이 반나체 상태로 지내곤 해요(웃음).
기분이 내키면 자전거를 타거나 캠핑을 떠나고, 강으로

달려가 게나 은어를 잡기도 해요. 우리 가족의 라이프
스타일에 이 공간과 도시가 중심축이 되어준 것 같아요.

**마음 가는 대로 할 수 있는 자연스러운 장소네요.
나카모토 가족의 하루 일과를 듣고 싶어요.**
특별히 정해진 루틴은 없습니다만, 보통 평일엔 아침 6시
반 정도 일어나서 세탁기를 돌리고 큰딸의 등교 준비를
합니다. 아이들이 일어나면 정신이 하나도 없지만 꼭
온 가족이 큰딸을 배웅하죠. 유키는 9시부터 재택근무를
시작하고 저는 직장으로 출근합니다. 둘째는 아직 어리다
보니 집에서 놀아요. 점심이 지나서 첫째가 하교하면 학교
숙제를 시키다가 싸우고, 마트에 가면 과자 사고 싶다고
졸라서 싸웁니다. 아이가 있는 집은 매일 싸움이에요(웃음).
쉬는 날이면 라디오를 들으면서 청소하거나 아이와
함께 집을 고치기도 하는데요. 요즘은 집 벽이나 현관문
주변, 가구를 직접 색칠하는 데 빠져 있어서 분홍색과
노란색으로 칠하며 놀고 있어요. 아, 집주인이 알면
화낼지도 모르겠네요!

**일단… 우리끼리만 알고 있는 게 좋겠어요(웃음).
나카모토 가족은 자전거를 즐기고 좋아하죠? 타로 씨와
유키 씨가 아이들을 자전거 앞뒤에 태운 사진을 자주
올리잖아요.**
정말 좋아해요. 날씨가 좋은 봄과 가을에는 자전거 타는
것만으로도 행복해져요. 차보다는 느리지만 자전거로 다닐
수 있는 길이 동네에 많고, 잠시 어딘가를 들르거나 출근할
때도 꼭 필요하고요. 저는 만원 전철을 절대 견뎌내지
못하기 때문에 심신에도 도움이 돼요. 좋아하는 것
이상으로 일상생활에서 빠질 수 없는 존재예요. 아이들은
자전거를 혼자 타는 것보다 엄마 아빠가 운전해 주는 걸
좋아하는데요. 등받이 좌석에 앉아 노래도 부르고 수다도
떨고, 흔들리는 자전거에서 낮잠도 즐겨요. 집에 돌아오면
앞좌석과 뒷좌석에서 감상했던 장면들을 들려주기도 하죠.
열심히 바퀴를 굴린 덕분인지 자전거 타고 와서 마시는
맥주가 평소보다 열 배는 더 맛있어요.

즐겨 타는 장소도 있어요?
집 앞 강둑을 달리는 걸 좋아해요. 신호등이 없고 조용하기
때문에 딸과 이야기를 하거나 노래 부르며 오붓하게 달릴
수 있어서요. 근처 재활용 가게에도 곧잘 들려요. 특별한
장소가 정해져 있다기보다 자유롭게 마음 가는 대로
향하는 편이에요.

**그러고 보니 타로 씨가 유키 씨를 만나게 된 것도 자전거
덕분이라고 들었어요.**

이전에 셰어하우스 운영 회사에 다녔는데 그때 아내가
손님으로 와서 처음 만났어요. 당시에는 제가 관할 지역
내의 관리 물건을 소개했는데, 매일 50킬로미터에서
많게는 100킬로미터를 달려야 해서 피스트 바이크를
타고 다녔어요. 그 모습을 보고서 당황하는 사람들이
많았죠. 그런데 아내는 손님인데도 아예 자전거를 타고
왔더라고요. 뭔가 마음이 잘 맞을 것 같다는 생각이 들어서
단번에 가까워졌고 3개월 만에 결혼했습니다. 지금은
제가 자전거 애호가들이 모이는 사이클 카페에서 일하고
있으니, 생각해 보면 자전거가 이모저모 일상에 깊이
스며들어 있네요.

**이외에도 캠핑이나 하이킹 등 다양한 야외 활동도 즐기고
있잖아요.**
반경 5킬로미터 이내에 풍부한 자연을 경험할 수 있는
곳이 많거든요. 그래서 다마가와의 나카슈에서 캠핑을
하거나 모닥불을 피우고, 가까운 산속을 거닐며 자전거를
타곤 해요. 또 저는 매주 풋살을 하고 댄서 출신인 아내는
정기적으로 춤을 추러 가죠. 아이들은 집 안과 밖을
뛰어다니고 노래하고 춤추고…. 언제나 몸을 움직이고
있어요(웃음).

**일본은 학교에서 스포츠 동아리에 참여할 기회가
많잖아요. 타로 씨와 유키 씨도 어릴 때부터 활동적인 걸
좋아했어요?**
그런 영향도 있을 것 같아요. 학교 체육 시간에 수영이나
육상, 축구, 야구, 유도, 테니스처럼 다양한 운동을
배웠어요. 일 년에 한 번씩은 전교생이 참여하는 운동회를
열어서 승부를 겨루는데 정말 재밌있죠. 방과 후에는
예술이나 스포츠 등 여러 분야의 동아리에 참여할 수
있는데요. 저는 고등학교에서 럭비를, 대학교에서는
미식축구를 했어요. 아내는 중학교에서 발레부를 했고요.
동아리에서 운동을 재미있게, 성취감을 느끼며 하는 법을
배웠어요.

**나카모토 가족이 몸을 움직이며 에너지를 얻고, 계절과
자연을 만끽하는 걸 좋아하는 이유는 무얼까요?**
별다른 이유가 있을까요? 그 순간에 우리 가족이 행복함을
느낀다는 것 외에는. 우리 가족의 모토는 멀리 가지 않고
가까운 곳에서 즐거움을 찾는 거예요. 인스타그램 속
사진을 보면서 우리가 항상 어딘가로 멀리 떠나는 게
아닐까 예상하는 분도 많지만 전혀 아니에요. 저와 유키는
지금의 행복과 즐거움이 멀리서 얻을 수 있는 경험이라고
생각하지 않아요. 일상에서, 잠깐의 시간에서 충분히
얻을 수 있어요.

**내키는 대로 행복한 가족의 모습처럼 느껴져요. 사진은
타로 씨가 찍어 기록하는 건가요?**
맞아요. 아마 2020년부터였을 텐데, 팬데믹을 계기로
인스타그램에 가족의 일상을 올리기 시작했어요. 사진은
대부분 제 담당이지만 가끔은 유키나 첫째가 찍어주기도
합니다. 제가 카메라를 잘 몰라서 어설렁어슬렁
헤매고 있으면 기다리던 가족들이 짜증 나서 무표정이
되어버려요(웃음). 그 상태로 찍어도 좋은 사진을 건지긴
하지만요. 피사체인 유키와 아이들의 꾸미지 않은 모습이
사랑스럽다 보니 조금 엉뚱하거나 이상해도 매력이 된다고
생각해요.

**맞아요. 안전모를 쓴 채로 무심하게 정면을 응시하는
모습이 오묘하고 귀여웠어요. 나카모토 가족은 다가오는
겨울에는 무얼 하며 지낼 계획이에요?**
사실 우리 가족은 여름을 좋아해요. 매일 베란다에 작은
수영장을 만들거나, 집 앞 강에 뛰어들어 물놀이를 하며
지냈거든요. 물론 집에서부터 수영복을 입고 동네를 걸어
다녔고요! 우리의 계절이라고 생각했던 여름을 지나
가을에는 실컷 자전거를 타다가, 겨울이 오면 확실히
집 안에서의 활동이 길어져요. 바깥으로 나가지 못하더라도
베란다에서 캠핑이나 목욕을 즐기려고 해요. 그리고 차에
자전거를 싣고 달리다 기분 좋은 장소를 만나면 즉흥적으로
내리려고요. 한국에도 그럴 만한 곳이 많죠?

**물론이죠. 나카모토 가족의 동네보다는 좀더 추울지도
모르지만요.**
기대되는데요? 언젠가 한국으로 우리 가족을
불러주세요(웃음).

기획자 샐리는 통통 튀는 본인을 닮은 재밌는 일을 만들어 왔다. 운동에 대한 관심을 바탕으로 시작한 온라인 마라톤 프로젝트 '길 만드는 시스터즈'부터, 수영장 등록비를 마련하기 위해 기획한 '수영장 등록비 프로젝트'까지. 다양한 문화권에서 자란 경험을 바탕으로 시작한 전화 영어 수업도 어느덧 3년이 지났다. 운동과 책, 글과 하나 되어 사는 그가 궁금해졌다. 그의 집 문을 두드린 날, 사랑의 다음 단계는 당연함이라는 사실을 마주했다.

사랑을 넘은 당연함으로

샐리—기획자

에디터 차의진
포토그래퍼 이종하

초대해 줘서 고마워요. 집이 벌써 크리스마스 분위기예요.

반가워요. 크리스마스에 진심이라 10월부터 크리스마스를 준비해요. 12월엔 크리스마스 스웨터만 입고 다녀요. 어글리 크리스마스 스웨터를 매년 하나씩 사서, 올해로 5년째예요.

크리스마스 정말 좋죠! 자기소개로 시작해 볼까요?

저는 기획하는 사람이에요. 풀타임 프리랜서였다가, 올여름부터 회사에 다니기 시작하면서 풀타임 직장인이 됐어요. 제일 처음 만든 일은 일하는 여성들을 위한 영어 이력서 워크숍 '수영장 등록비 프로젝트'예요. 성인 영어 회화 스터디 모임장으로 커리큘럼을 기획한 경험도 있어요. 무언가를 혼자 기획하는 일을 잘하고 재밌어해서 조금씩 해오다가, 프리랜서의 길을 걷게 됐어요. 프리랜서로 제일 오래 한 일은 전화 영어 수업이에요.

전화 영어 수업은 어떻게 시작했어요?

대학교 마지막 학기 때 아르바이트를 구하는 중이었어요. 반삭을 한 지 얼마 안 되기도 했고, 개성 넘치는 이미지를 가진 때라 서비스직 면접에서 자꾸 떨어졌어요. 카페 알바조차도요. 마냥 알바 합격을 기다리기보다 내가 뭔가를 기획해서 일하는 게 더 빠르겠다 싶었어요. 그때 친구가 전화 영어를 했는데, 옆에서 몇 번 들어보니 제가 더 잘 가르쳐줄 수 있을 것 같았죠. 그래서 하루 만에 뚝딱 기획해 시작했는데, 이렇게 3년이나 할 줄은 몰랐어요.

수업은 어떻게 진행되나요?

평일 주 5회, 하루 15분 영어로 대화해요. 10분은 짧고 20분은 은근히 길어서 15분이 딱 좋더라고요. 그날 대화는 문장으로 정리해서 참가자에게 이미지로 보내주고 있어요. 참가자를 직접 만나서 친구가 되기도 해요. 재밌는 분들이 많아서 좋았어요. 참가자들도 여러 운동을 했더라고요.

기획한 일 중 온라인 마라톤 프로젝트 '길 만드는 시스터즈'도 있죠.

코로나 때는 할 수 있는 운동이 달리기밖에 없었어요. 야외에서 혼자 하는 운동만 가능했으니까요. 당시 혼자서 1년에 1,000킬로미터 정도 달렸죠. 그러다가 사람들과 연결되고 싶어서 온라인 마라톤을 열어보기로 했어요. 각자 사는 동네에서 저마다 달릴 수 있을 만큼 달리고, 합산한 총거리를 '우리가 만든 길'로 불렀죠. 함께 기획한 윤주 님이랑 참가자도 모집하고, 디자인도 했어요. 코로나 때 즐겁게 운동할 방법이었죠.

요즘은 어떤 일을 하는지 궁금해요.

회사 인스타그램 콘텐츠를 담당하고, 브랜드 앰배서더 관련 콘텐츠를 기획해 인터뷰하고 글도 써요. 영어로 제품 소개를 번역하기도 하고요. 오프라인 숍에서 제품 진열을 확인하기도 해요. 프리랜서로 할 수 있는 일은 다 해본 것 같아서 전환점이 필요하다는 생각에 시작했어요.

프리랜서 때와 또 다른 생활일 텐데요. 하루 일과는 어때요?

퇴근하면 농구 코트에서 혼자 연습을 하거나, 한강 달리기를 해요. 겨울엔 손이 시려서 야외 코트에서는 연습하기 어렵고요. 달리기는 장갑을 끼면 되니까 상관없어요. 따릉이도 타는데, 매년 6개월 정기권을 끊어서 4월에서 10월까지 타요. 겨울엔 방학이지만요. 주로 잠들기 전까지는 책을 읽어요.

운동하고 책 읽는 일상이라니! 지금까지 다양한 운동을 해왔다고요.

달리기, 자전거, 농구를 포함해 체조, 발레, 요가, 등산, 트레킹, 폴댄스, 크로스핏, 클라이밍, 배드민턴, 수영, 헬스, 복싱…. 그 정도예요. 국토대장정을 한 적도 있어요.

그 기간이 얼마나 돼요?

10년 정도요. 체조와 발레를 초등학교 저학년 때 배운

이후로 고등학생 때까지는 어떤 운동도 하지 않았어요.
원래는 제일 싫어하는 과목이 체육이었거든요. 허약해서
운동을 좋아하지 않았고 체육 평가도 턱걸이 점수로
통과했어요. 의지를 갖고 스스로 운동을 하진 않았죠.
그러다 고등학교 때 이스라엘에 살았는데, 학교에서 함께
마라톤을 나간다는 거예요. 그때 혼자서 연습하다가
재미를 붙였고, 쭉 달리기를 했어요.

현재도 하는 운동은 무얼까요?
달리기, 자전거, 농구 딱 세 개예요. 가끔 등산도 해요.
농구는 스물여섯 살에 시작해서, 제 농구 유니폼 등번호가
26이에요.

**농구는 중고 거래 플랫폼 당근마켓을 통해 처음
시작했다고 들었어요.**
해보고 싶어서 당근마켓으로 농구 모임에 들어갔어요.
모임에서 제가 유일한 여자였고, 저처럼 농구를 한 번도
해보지 않은 사람이 가서 하기에는 어려웠어요. 아무것도
모르고 동네 경기에 참여했으니, 순서가 거꾸로 된 것
같다는 생각이 들었죠. 어떻게 배우면 좋을까 하다가
여자들이 쓴 책을 찾아보기 시작했어요. 그중 하나가
지금 소속된 돌핀즈 농구단의 코치님이 쓴 《나의 첫 번째
농구책》이에요. 책에 적힌 팀 소개를 보고 가입했어요.

뭔가를 해보고 싶으면 바로 시작하는 편인가 봐요.
일단 해보고 안 맞으면 그때 생각해요. 맞는지 알려면 먼저
해봐야 하니까.

그렇게 시작한 농구는 어땠어요?
농구는 배워야 하는 스포츠라는 점이 재밌었어요.
달리기는 연습하다 보면 할 수 있는데 수영과 농구는
수업을 들어야 하더라고요. 개인 위주의 운동만 하다가
코치도 있고 팀원도 있는 농구를 하니 소속감을 쉽게
느끼기도 했어요. 코치님, 함께하는 친구들도 좋았죠.

코치님은 어떤 분이에요?
스승님 같은 코치님이랄까요? 카페에서 따로 커피
마신 적도 있고, 이사 간다고 하니 이 의자도 코치님이
사주셨어요. 제가 골라서 링크를 보내드린 거지만(웃음).
코치님은 콘텐츠 스타트업 '노사이드 스튜디오'도
운영하시는데, 매거진 관련 일을 함께 하기도 했어요.
많은 도움과 사랑을 주신 분이에요.

돌핀즈 농구단에서 즐거웠던 일이 궁금해요.
대회를 나갔던 일이요. 작년에 올스타전이라고 돌핀즈

농구단 안에서 첫 번째 토너먼트 대회를 열었는데 저희 조가 1등을 해서 기분이 굉장히 좋았어요. 대회는 경쟁적이고 열정적으로 임하게 돼서 땀을 한 바가지 쏟아요.

조심스럽게 물어볼게요. 조에서 에이스였나요(웃음)?
에이스는 아니지만 에이스만큼의 열정을 가지고 있어요(웃음). 저는 되게 빨라요. 키가 작을수록 더 빨라지거든요. 처음에는 드리블조차 못 했는데 이제는 자연스럽게 할 수 있어요. 제일 멀리서 쏘는 3점 슛도 잘 넣고, 레이업도 잘해요. 전에 한 의류 브랜드에서 길거리에서 짧은 시간 안에 골을 많이 넣는 농구 챌린지를 한 적이 있어요. 제 앞에 있던 남자분들은 잘 못했는데, 저는 해내서 뿌듯했어요. 다들 농구 하는 여자라고는 생각 못 했을 거예요.

평소에 여자들의 운동에 대해서도 자주 생각해요?
숨 쉬듯이 생각해요. 농구 하는 여자들이 더 많았으면 좋겠어요. 평소 자주 가는 코트에서 남자들끼리는 게임을 권유해서 같이 운동하는데, 저한테 같이 하자고 제안한 남자는 지금까지 아무도 없었어요. 여자는 아직 운동하는 사람으로 진지하게 받아들여지지 않는 것 같아 그런 점이 늘 아쉬워요.

장거리 연애 중인 애인 웅희 씨와는 어떻게 지내고 있어요?
연애 초반에는 같이 몇 번 클라이밍을 했어요. 저에게 농구가, 남자 친구에게는 클라이밍이에요. 웅희는 제가 농구에서 느끼는 좋은 것들을 클라이밍에서 느껴요. 저는 클라이밍은 한 시간이면 지루해하던데 웅희는 예닐곱 시간을 타요. 폐장 시간까지 타는 걸 보면 참 대단해요. 웅희는 저보다 더 단순해서 하루 동선이 회사 그리고 클라이밍뿐이에요.

서로 운동하는 사람이라는 것에 매력을 느꼈어요?
네. 각자 열정을 쏟는 스포츠가 확고하게 있다는 점이 좋아요. 웅희가 서울에 놀러 올 때는 저와 농구 연습도 해보고, 제가 부산에 내려가서 클라이밍을 해보면서 각자의 세계가 넓어지는 걸 경험해요. 같은 ENFJ인 것도 좋고, 둘 다 집 꾸미는 것도 좋아해요. 다른 점은 웅희는 독서를 안 해요. 독서가 웅희의 사랑은 아닌 거죠. 각자에게 맞는 걸 하는 게 좋아요. 연애한다고 모든 걸 똑같이 좋아할 필요는 없는 것 같아요.

운동과 책은 다른 성향의 취미인 것 같은데, 모두

좋아한다니 신기해요.
저에겐 둘 다 당연한 일상이라 크게 다르지 않아요. 책은 산소 같은 거고, 운동도 마찬가지예요. 하나는 정적이고 하나는 동적인 활동이라고 생각할 수 있지만 저한테는 둘 다 적당히 동적이고 정적이랄까요. 모두 그냥 일상 자체예요. 그리고 전 제가 하는 모든 운동에 대한 책을 읽어봐요. 농구를 해보기 전에는 농구 책을 먼저 읽고, 수영을 시작하고 나서는 수영에 관한 책을 읽고. 저한테는 너무 당연한 거예요.

운동에 관한 관심을 책으로 확장하는군요.
맞아요. 웅희를 처음 만나고 클라이밍을 사랑하는 걸 알고 나서 클라이밍에 관련된 모든 책을 다 빌려서 읽었어요. 다큐멘터리도 책 같아서 보게 돼요. 농구 관련 다큐멘터리도 다 봤어요.

작년엔 책을 이백 권 넘게 읽었죠. 샐리 씨가 책을 좋아하는 이유는 무얼까요?
책이 곧 저예요. 좋아한다, 사랑한다를 넘어 당연한 거죠. 자식을 사랑하는 게 당연한 것처럼요. 이제 그런 경지에 오른 거예요.

좋아한다, 사랑한다 다음이 당연하다라니. 멋진 말이에요.
웅희도 당연하고요(웃음). 올해는 오늘까지 159권을 읽었어요. 매일 출근 전, 회사 점심시간 그리고 퇴근 후 이렇게 하루에 세 번 정도 책을 나눠서 읽어요. 이동할 때는 넷플릭스를 보기보다 책을 읽고요. 웬만한 사람도 이렇게 하면 책을 많이 읽게 될 거예요. 짬짬이 시간을 활용하면 돼요.

운동과 거의 한 몸으로 살아가고 있어요. 어떤 사람에게는 굉장히 어려운 일인데요.
팁을 드리자면 모든 운동을 한 번씩만 해보는 거예요. 웬만한 운동은 하루짜리 수업이 있어요. 해보고 싶은 운동을 한 번 하면 세 번 하게 되고, 열 번 하게 되는 것 같아요. 조금씩 해보고 나면 자신의 인생 스포츠를 찾을 수 있어요. 그래서 일단 다 해봐야 해요. 저는 내년에 서핑을 해보고 싶어요.

블로그 글은 육백 편이 넘었어요. 운동이 삶의 동력이라고 말할 수 있나요?
블로그는 제 삶의 모든 걸 담아내는 창고예요. 운동에 관한 글도 여러 편 썼어요. 운동, 책, 글이 곧 제 삶이죠. 결국 다 하나인 거예요.

달려라, 그리하면 먹을 것이다

**오늘 운동했으니까 보상으로 한 입 더 먹어도 된다고? 내일 운동할 거니까
잘하려면 한 입 더 먹어도 된다. 탄수화물은 내가 먹을게. 단백질은 누가 먹을래?**

글 정연주 일러스트 렐리시 자료 제공 세미콜론

빵 먹으러
뛰어가는 사람

해운대 바닷가를 두 바퀴 돌면 약 5.5킬로미터. 쉬는 날에 슬렁슬렁 다녀오기 딱 좋은 거리다.
어릴 적에는 걸어서 10분이면 바다에 닿는 동네에 사는 것이 크게 기쁘지 않았다. 부산에 살지만
날해산물을 좋아하지 않고, 바다의 아름다움을 아직 잘 모르겠고, 우리는 집에 가는 것뿐인데
차가 잔뜩 막히기 일쑤였으니까.
하지만 지금은 안다. 언제든 바닷가 러닝을 할 수 있는 것이 얼마나 행복한 일인지! 평소에는
헬스장 러닝머신을 이용하거나 중랑천에서 인터벌 러닝을 한다. 인터벌인 이유는 다른 데 있지
않다. 혼자 뛰니 페이스 조절이 잘 안돼서 숨이 깔딱 넘어가면 한 30초 걸었다가 다시 뛸 뿐이다.
전문 러너와는 비교도 할 수 없는 수준이지만, 어쨌든 평소와 다른 풍경에서 달리다 보면 어엿한
한 명의 러너가 된 기분이 든다. 해운대여, 집 안에서 굴러다니던 10대의 나만 알고 있었지?
난 이제 어디서든 달릴 수 있는 30대가 되었다! 내가 언제나 그 자리에 머무를 것이라고
생각했다면 넌 해운대가 아니라 오산이다!
그리고 오산이 아닌 해운대는, 내 러닝 루틴을 완성하려면 꼭 필요한 한 가지 요소까지 완벽하게
갖추고 있다. 아직 달리기의 여운이 식지 않은 상태로 털레털레 걸어가면 갓 구운 바게트를
살 수 있는 시장 앞 빵집이다. 아침에 갓 구워 나와 껍질에서 타닥타닥 갈라지는 소리가 들리는
바게트를 뜯어 먹으면서 집으로 돌아가는 길이라니! 도저히 참지 못해 마치 파리지앵이 된 것
같은 애티튜드로 뾰족한 끄트머리부터 뜯어 먹으며 한량처럼 집으로 돌아간다.
그렇다. 아침 식사를 구입할 수 있는 맛집이야말로 내 러닝 루틴의 화룡점정이다. 집을 나설 때는
아직 자고 있던 가족들이 이제는 잠에서 깨어 내 손에 들린 음식을 기다리고 있을 테니까. 그리고
그보다도, 이제 맛있는 음식과 운동이라는 루틴은 나를 규정하는 생활상이 되었으니까.

빵 만들려고
등 운동하는 사람

나는 원래 온갖 스타일의 미식 여행을 다니던 푸드 에디터다. 길거리 맛집, 미쉐린 맛집을
가리지 않고 먹으러 다니는 것은 물론이고 요리 책 쇼핑, 시장과 마트 구경, 쿠킹 클래스에
농장 투어까지 음식에 대한 모든 여행을 즐긴다. 그에 관한 에세이도 썼을 정도다. 그런데 이제
여기에 꼭 하고 싶은 일이 또 한 가지 생겼으니, 바로 운동이다. 여행지와 숙소가 정해지면
인근의 러닝 루트를 알아보고 호텔 피트니스 센터의 사진을 찾아본다. 그렇게 후쿠오카에서
오호리 공원을 달리고, 다낭에서 호텔 피트니스에 매일 도장을 찍고, 방콕에서 스피닝 센터를
검색하고 있다.
하지만 절대 처음부터 이런 사람이었던 것은 아니다. 사람이 저질 체력으로 태어나서, 신체
무료 구독 기간이 끝나는 30대가 될 때까지 고의로 심박수를 올리는 일 없이 살다 보면
여기저기 고장나기 마련이다. 나도 전형적으로 그런 케이스로 운동을 시작했다. 장담하건대
내가 운동을 할 수 있다면 세상에 운동 못 할 사람이 없을 것이다.
내가 르 꼬르동 블루 숙명 아카데미에서 요리 과정을 배우던 시절, 입에 달고 다니던 말이 "제빵
코스를 열면 꼭 다닐 거예요."였다. 그리고 요리 잡지 기자로 일하던 중에 드디어 제빵 코스를
오픈했다는 소식이 들려왔다. "취재를 위한 실습 클래스에 기자님을 초대할게요!"
세상에 이런 떡이 굴러들어 오다니! 당연히 냉큼 쫓아갔다. 그리고 좌절을 맛봤다. 중요한

반죽은 대형 반죽기로 처리하고 손맛만 살짝 보게 해주는 정도의 실습이었는데, 두어 시간 지난 후에 조리대 뒤에 쪼그려 앉아 있어야 할 정도로 체력이 고갈되었던 것이다. 내가 이렇게 빵을 좋아하는 탄수화물 중독자인데 빵을 만들 수 없다니. 한동안 우울에 시달린 기억이 선하다. 그런데 아까 해운대한테 내가 언제나 그 자리에 머무를 거라고 생각했냐고 일갈했던가? 나야말로 내가 알찬 운동이 맛있는 빵을 약속한다, 근 손실은 빵 손실을 부른다고 외치는 운동러가 될 줄은 전혀 몰랐다. 하기야 몰랐던 것이 한두 가지겠어. 운동이 빵 반죽을 하고 싶다는 소원을 해결해 줄 줄은 몰랐다. 그렇게 맛있는 음식이 많은 파리에 가서 너무나 뻔하게 바게트와 사랑에 빠지게 될 줄도 몰랐고, 바게트를 먹기 위해 운동하는 사람이 될 줄도 몰랐다. 파리의 바게트가 맛있는 이유는 실력이 좋은 것도 있지만, 구석구석에 베이커리가 있어서 언제든 갓 구운 빵을 먹을 수 있는 덕분이기도 하다. 내가 생각하는 바게트의 상미기한은 네 시간이니까. 한국에 돌아온 후 바게트 맛집을 아무리 돌아다녀도 1퍼센트 부족한 것을 느꼈는데, 바로 접근성의 부재였다. 난 금방 구해온 따끈한 바게트를 집에서 편안하게 먹는 주말 아침을 원해. 아무래도 다시 파리에 가야겠어. 그러려면 2-3만 보를 걷고도 멀쩡한 체력이 필요해. 그렇게 러닝과 헬스를 시작했다.

흔히 운동한 만큼 한 입 더 먹을 수 있을 거라고 생각한다. 사실이다. 위장도 근육이니 소화력이 좋아지고, 체력이 늘고 활력이 생기니 입맛도 좋아진다. 그것뿐인가, 코어와 팔 근육이 생기면 비행기 선반에 캐리어도 번쩍 올릴 수 있고, 등과 어깨 근육이 생기면 빵 반죽도 할 수 있다. 빵 반죽을 '할 수 있다'는 건 여러 가지를 뜻한다. 물리적으로 처음부터 끝까지 과정을 수행할 수 있다는 건 물론이다. 하지만 제일 중요한 건 '어깨가 빠질 것 같은데, 언제 끝나지?' 하고 생각하는 대신 '아직 탄력이 부족한 것 같은데, 더 반죽해야겠지?', '어제보다 작업대에 많이 묻어나는 것 같은데, 습도가 높은 듯하니 밀가루를 추가해야겠지?'라고 반죽을 관찰할 여유가 생기는 것이다. 그게 바로 반죽을 '해낼 수 있는' 단계다.

그렇다! 3년간 꾸준히 데드리프트와 풀업을 해온 나는 이제 제대로 갖춘 등과 어깨 근육으로 지치지 않고 바게트를 반죽해서 구워 먹는 사람이 되었다. 르 꼬르동 블루의 제빵 코스, 딱 기다려.

그게 바로
나예요

아까 나도 나를 몰랐다고 했지? 바게트 에세이를 쓰고서 할 말은 아니지만 내가 '이렇게까지' 탄수화물을 좋아하는 줄은 몰랐다. 나는 가만히 내버려두면 탄수화물만 계속 먹을 수 있는 사람이다. 바게트를 수프에 찍어 먹고 잼을 발라 먹고, 옥수수와 버터 혹은 고구마와 김치만 있으면 바랄 것이 없고, 멸치 육수에 달랑 소면만 말아서 양념장을 두른 잔치국수는 행복의 상징이다. 그러니 근육이 생길 리가 없지. 본능대로 먹으면 근 손실을 피할 수 없는 체질이다. 어떤 운동 전문가는 근육을 위해서 단백질을 추가 섭취할 필요는 없다고, 일반 식사로 충분히 보충할 수 있다고 한다. 아마 내 식사 구성을 본 적이 없어서 하는 소리일 것이다. 단백질이 진짜로 중요한지 궁금하다면 내가 보증한다. 필요한 만큼 챙겨 먹으면 진짜 몸이 달라진다. 운동을 하면 당연히 몸이 달라진다. 인바디에서 비슷한 수치가 나와도, 운동을 시작하기 전과 후의 내 체형은 완전히 다르다. 그리고 운동의 종류가 바뀌면 또 전체적인 근육과 지방의 분포와 몸의 날렵함이 달라진다. 클라이밍에 한참 빠져 있을 때는 손목에서 자주 뚝뚝 소리가 났고, 손바닥의 굳은살이 손가락 구석구석까지 확장되었으며, 어깨와 전완이 확연히 굵어졌다. '천국의 계단'을 열심히 타던 시절에는 둔근이 발달해서 청바지 핏이 아주 예뻤고, 스피닝에 정신이 팔린 지금은 인생 처음으로 코어가 발달해서 출산 후 포기했던 허리 라인이 다시 생겼다.
식단의 효과도 이렇게 '눈바디'를 통해서 알 수 있다. 같은 운동 루틴을 유지하면서 식단만
딱 단백질을 두 배로 늘리기 위해 노력했더니 놀랍게도 근육통이 줄고 근육이 조금씩 붙기
시작했다. 여기서 노력한 기간은 하루 이틀이 아니다. 한 달간 꾸준히 달걀과 닭가슴살, 보충제를
추가로 먹었더니 스쿼트를 10킬로그램 더 할 수 있게 됐다. 내 식단의 문제는 정말로 단백질
결핍이었던 것이다! 원판을 추가한 바벨을 들고 스쿼트에 성공한 그때가 바로 실험한 보람이
제대로 느껴지는 순간이었다.
이처럼 현재 몸의 형태는 내 일상생활의 모습을 그대로 보여준다. 지겹도록 들은 말이지만
프랑스의 미식가 브리야사바랭Brillat-Savarin이 그랬던가, 내가 먹는 것을 보면 내가 어떤 사람인지
말할 수 있다고. 내가 움직이는 방식 또한 내가 어떤 사람인지를 말해준다.
나는 빵을 필두로 한 탄수화물을 사랑하고, 단것 중에서도 특히 초콜릿과 캐러멜을 좋아하고,
땅콩버터를 먹기 위해 사과와 바나나를 썰어서 담아 오는 사람이다. 혼자 하는 실내 볼더링
클라이밍은 사랑하지만, 2인 1조로 움직여야 하는 인공 암벽 리드 클라이밍은 절대 하고 싶지
않은 극내향형 인간이다. 바벨 스쿼트 무게는 정말이지 잘 늘지 않지만 맨몸으로 하는 풀업은
도전한 지 1년 반 만에 성공했고, 각종 운동을 '찍먹'해 보다가 스피닝이라는 인생 운동을 찾은
사람이다.
한때는 영혼이 나 자신이고 몸은 그 영혼을 담은 그릇일 뿐이라고 생각했다. 지금은 생각한다.
내가 움직이고 먹는 모든 것이 이루어져 현재를 이루는 몸 또한 당당하고 아름다운
나 자신이라고. 내가 좋아하는 음식만큼이나 내가 사랑하는 운동이 내가 어떠한 사람인지를
보여준다고.

정연주
좋아하는 음식을 맛있게 즐기는 법을 아는 사람.
갓 구워낸 빵을 사러 가기 위해 체력을 기르고,
질척한 빵 반죽을 알맞은 정도까지 치대기 위해
근육을 키운다. 요리 잡지 기자 출신으로 프리랜서
푸드 에디터와 요리 전문 번역가로 활약하는
그는 일상에서 목격한 '먹음직스러운' 이야기들을
풀어낸다. 최근 《바게트 : 근 손실은 곧 빵
손실이니까》를 출간하여 바게트를 향한 따끈한
사랑을 고백했다.

《바게트 : 근 손실은 곧 빵 손실이니까》 정연주 | 책공장

내일은 꼭 운동을 할 거야. 오늘도 다짐해 보지만 혼자서는 운동화
신기도 어려운 우리다. 함께 뛰어 줄 느슨한 모임이 있다면 운동은
더 즐거울 텐데. 얼굴도 모르는 이들에게 마음을 기대어 본다.
주저하는 동안, 한 데 어울려 땀 흘려온 사람들이 있다. 함께 새긴
기억으로 마음을 단단히 엮는 이들에게 귀 기울였다.

함께라 좋아서

에디터 차의진

사진 여비더비포토, 박영근, 김진진, F45 여의도, 어포토, 문규화

© 여비더비포토

01 자기소개를 부탁해요.   04 같이 운동하며 생긴 변화도 있나요?
02 함께 운동하는 팀을 소개해 볼까요?   05 가장 기억에 남는 순간이 궁금해요.
03 함께하는 운동. 혼자 하는 운동과 달랐어요?

잊지 못할 우리의 달리기   올리진

ⓒ 나정욱

ⓒ 여미디어팀

01
'펀런올리진'으로 활동하고 있는 최주진이에요. 벌써 올해로
10년 차 러너예요. 많은 사람들이 러닝을 부상 없이 즐길
수 있도록 응원하고자 'Fun Run!'이라는 슬로건을 내세워
활동하고 있어요.

02
'올리뱅'은 작년 JTBC 마라톤에서 10킬로미터 종목에 처음
도전하는 분들을 위한 4주 프로그램에서 시작됐어요. 팀원들의
합이 정말 좋아서 지금까지 이어졌고요. 현재는 커뮤니티
플랫폼 라이프플러스 트라이브에서 '펀런올리진' 트라이브를
통해 올리뱅의 일원이 될 수 있어요. 벌써 9기까지 이어져
60여 명이 넘는 크루가 되었답니다. 등산이나 요가 등도 함께
즐기며 친목을 다져요.

03
힘든 것도 함께 나누면 덜 힘들기도 하고, 좋을 때 "야, 좋지
않냐?"라고 말하면서 한 번 더 희열을 느껴요. 예쁜 산 경치를
보거나 러닝을 하며 멋진 야경을 볼 때도 혼자보단 크루와
함께일 때가 더 기억에 남아요.

04
크루원이 아닌 크루장을 하게 되면서, 책임감이 좀더 생겼어요.
뭐랄까. 내가 아프면 안 될 것 같다는 그런 느낌? 사실 저 없어도
잘 운영될 텐데, 말이라도 "대장 없으면 안 되지."라고 해줄 때
더 힘도 생기고 책임감도 커지더라고요.

05
철원DMZ국제평화마라톤이 제일 기억에 남아요. 50명에
가까운 인원을 인솔해서 버스 한 대로 철원까지 갔어요.
뜨거운 태양 아래 함께 달리고 응원하면서 전우애 같은 게
생겨버렸죠. 그때 크루원들의 행복한 모습을 잊을 수가 없어요.

온 가족의 겨울   김진진

01

디자인 패브릭 브랜드 키티버니포니Kitty Bunny Pony의 대표이자
디자이너인 김진진이에요.

02

초등학교 5학년인 도하를 포함해 세 가족이고, 저희는 스키
타는 걸 정말 좋아해요. 아이가 다섯 살 때 스노보드를
타던 친구를 따라 스키장에 간 적이 있어요. 자기는 스키를
배우고 싶다고 하더라고요. 우리 가족은 어떤 스포츠든
함께 하는 걸 좋아해서, 남편과 저도 아이와 함께 배우기로
했어요. 레슨을 받은 첫날, 우리는 스키와 사랑에 빠진 거나
다름없었어요(웃음).

03

더 즐겁고 신나죠. 이야기도 많이 나누고, 어떻게 하면 더
잘되더라 하며 서로 가르쳐주기도 하고요. 특히 스키를
가장 좋아하니까, 셋이 일 년 내내 스키 시즌만 손꼽아
기다리는데요. 때로는 아이도 마음이 힘들거나 지칠 때, "엄마,
나 스키 타고 싶어."라고 하는 걸 보면, 스포츠가 어른뿐만
아니라 아이에게도 휴식이 되는 것 같아요. 그 마음에 저희가
"엄마도, 아빠도 그래."라고 공감하면 왠지 서로 든든하게
의지하는 느낌이 들어요.

04

추위를 많이 타서 밖에 잘 나가지도 않고 밤도 빨리
오니 겨울은 대체로 우울한 계절이었어요. 그런데
스키를 시작하면서 추워도 밖으로 나가 활발하게
움직이고, 고소공포증이 있는데도 높은 산에서 내달리면서
스스로 만든 두려움을 깨고 나오는 느낌이 들었어요. 스키는
올라가는 건 리프트가 해주고 내려오기만 하면 되잖아요?
성취감이 무척 큰 운동이에요. 건강한 겨울을 보내는 방법을
찾았다는 것, 이게 가장 큰 변화인 것 같아요.

05

올해 2월에 한 달간 콜로라도 베일 리조트에 다녀온 게 우리
가족의 행복한 추억 중 하나예요. 베일은 스키어들에게 세계
최고의 스키장으로 꼽힐 만큼 큰 규모와 훌륭한 설질로 유명한
곳인데요. '파우더 스노'라 불리는 갓 내린 눈 위를 달리는
기분은 마치 구름 위에 떠 있는 듯해서 한국에서 인공 눈 위를
달리는 것과는 비교할 수 없는 경험이었어요. 나무 사이를
달리는 '트리런'도 할 수 있었고요. 그 기분을 함께 기억하고
자주 그리워해요.

ⓒF45 여의도

ⓒF45 여의도

삶을 배우는 아침

문규화

01

그림 그리는 문규화입니다. 주로 드로잉, 페인팅, 종이죽 작업을 하고 있어요. 작업에 좋은 영향을 줄 방법을 고민하다가 건강한 루틴에 관심을 갖게 되었고, 러닝, 웨이트, F45, 베이킹 등 여러 가지를 하고 있어요.

02

집 겸 작업실을 쓰면서 혼자 매일 꾸준히 운동하는 게 어려웠어요. 그래서 달력에 동그라미 치면서 러닝을 9개월 정도 했는데, 작업하다 환기하는 시간을 갖는 건 좋았지만 재밌지는 않더라고요. 체계적인 운동을 찾다 F45를 시작했어요. F45는 45분 고강도 운동이에요. 스무 명에서 서른 명 정도와 함께하고 있습니다.

03

아침 운동이라 처음 6개월은 비 오거나 추우면 바로 운동 가기 싫다는 생각이 들 때가 많았는데, 안 나가면 사람들이 무슨 일 생긴 것처럼 연락이 왔어요. 장난으로 혼내기도 하고. 덕분에 이제는 몸이 자동으로 집을 나서요. 서로 자세를 봐주기도 해서 배우게 되는 것도 많고, 웃으면서 하다 보면 운동이 끝나 있어서 함께하는 걸 추천하고 싶어요. 힘들어서 멈추고 싶을 때 옆 사람에게 피해를 주진 않을까 해서 더 열심히 하게 되는 것도 있어요.

04

혼자 작업실에서 그림 그리는 게 직업이다 보니 미팅, 전시 때 말고는 사람을 만날 일이 많지 않아요. 만나도 같은 분야의 사람들만 만나게 되기도 하고요. 그런데 운동 다니면서 다양한 삶을 만나고 배우는 게 분명 있었어요. 제가 누구인지를 발견하고, 사람과 관계에 대해 많이 배웠어요. 매일 아침에 보니 가족, 친구들보다 많이 만나고 있더라고요.

05

초반에 운동하면서 부상이 많았어요. 몇 주 쉬다가 가면 옆 사람들이 아픈 곳에 자극이 되는 동작들은 다른 걸로 대체하라고 말해줘서 고마울 때가 많았어요. 직업과 활동 분야가 모두 다르다 보니 운동과 식단 이야기가 아닌 전공에 관련된 대화는 어려울 거라고 생각했어요. 그런데 F&B 관련 일을 하는 친구가 언젠가 제 고민을 듣고 상황을 빵 브랜드에 비유해서 상담을 해주더라고요. 매일 아침 다양한 분야의 사람들을 만나는 게 처음엔 낯설었는데, 생각이 확장되는 것 같아서 재밌고 좋아요.

ⓒF45 여의도, 여포특

비가 온 뒤엔 모든 장면이 선명하다. 특히 숲의 풍경이 그렇다.
고요히 걷고 싶은 마음에 아무도 없는 산책길을 찾았다. 비가 그치고
해가 뜬 자리를 쫓아, 내게 보인 것들을 기록했다. 여름의 낭랑한
색이 빠진 가을 길은 어쩐지 흑과 백이 어울린다. 필름 카메라처럼
생긴 미러리스 카메라를 들고 가을만의 차분한 빛을 담아본다.

Nikon

Unknown Walk With Nikon Z f

아무도 모르는 나의 산책길

글·사진 김지수

오래된 집과 나무

강릉의 산골짜기로 들어가면 옥계라는 동네가 있다. 이름도 생경한
마을의 구불구불한 도로를 달리다 보면 천연기념물로 지정된 굴참나무
군락의 입구가 보인다. 조용한 동네의 더 조용한 숲길. 스마트폰
대신 카메라를 챙겨 산책을 시작했다. 사람의 발길이 거의 없어 길이
조금 험하다. 토끼풀이 자란 곳을 골라 밟으며 걷다가 오래된 폐가와
마주했다. 집 앞에 커다란 감나무가 있는데, 나무가 아직 감을 떨구지
않았다. 때가 되면 열매를 따 먹는 사람이 없어서인지 나무는 버거워
보인다. 바닥에 떨어진 감 하나를 주워 탈탈 털고 주머니에 넣어본다.
아직 단단하다. 굴참나무 군락에는 두 채의 폐가가 있다. 문짝이
뜯어지고 지붕엔 구멍이 숭숭 나 있는 오래된 집들. 벽에 걸린 때 묻은
시계, 주인이 놓고 간 서랍장과 낡은 물건 따위들. 그 앞에 다듬어지지
않은 나무들. 을씨년스러워 보이지만 이곳에 살았을 사람들의 시간을
가늠해 보면 다르게 보인다. 나무를 벗 삼아 살았을 사람들의 하루하루.
이 집과 저 집은 이웃이었겠지. 한참을 걷다 마침내 이 군락에서 가장
큰 굴참나무를 찾았다. 전체를 눈에 담을 수 없을 정도로 커다란 나무의
시간은 가늠해 볼 수 없이 아득하다. 옛날 사람들은 굴참나무군 앞에서
당제를 지내기도 했다는데, 신을 믿지 않는 나라도 이 나무 앞에선
무엇이라도 빌어보고 싶어졌다. 나무 결에 가만히 손을 갖다 대고
기도해 본다.

FM2의 고즈넉한 디자인을 닮은 니콘의 풀프레임
미러리스 Z f. 외관은 필름 카메라 같지만, 기능은
그 어떤 미러리스 카메라보다 앞서간다. Z f엔
빛과 그림자 표현이 탁월한 모노크롬 기능이
더해졌다. 플랫, 딥톤 모노크롬으로 다채로운 흑백
사진 촬영이 용이하며, 나만의 시선에 맞춰 정교한
빛 표현이 가능하다. 모노크롬 전용 레버를 사용해
흑백 연출 전환이 빠르게 이루어진다.

본 콘텐츠의 모든 사진은 니콘 Z f로 촬영 되었습니다.

산과 바람, 산양

아무도 없는 산책길을 찾아 다시 움직였다. 여름엔 해바라기 축제가
열리는 강원도 태백의 외진 마을. 하늘에서 보면 아홉 마리 소가 누워
있는 형상을 닮아 마을 이름은 '구와우'다. 여름엔 많은 사람들의 발길이
닿지만, 가을과 겨울엔 사람 올 일이 없어 잔잔한 동네가 된다. 이곳에
가면 그 누구의 방해 없이 산책다운 산책을 즐길 수 있다. 작은 냇가에
오른 윤슬, 바람에 흔들리는 갈대를 카메라에 담았다. 꽃이 전부 진
이 시기에 남아 있는 이름 모를 꽃을 발견하기도 했다. 기특하기도 하지.
세찬 바람에도 꽃은 꺾이지 않고 제자리를 버틴다. 언덕까지 올라가
마을을 둘러싼 산 풍경을 보고 내려오니 작은 울타리에 갇힌 산양
세 마리가 있다. 세 산양은 가만히 멈춰서 울타리 밖의 사람과 눈을
맞춘다. 한 사람의 시선은 그 사람을 대신 말하기도 한다. 산책 중
카메라를 드는 일은 그 시선을 오롯이 수집하는 일과 같다. 산책이라는
목적지 없는 걸음을 걷다 보면 반복해서 보이는 풍경이 있는데
그 풍경이 자연일 때 평화로워진다. 자연을 보는 사람의 마음엔 미움이
없고, 눈앞의 무해한 풍경만으로 나는 충만한 오늘을 지날 수 있다.

바람이 세차게 부는 순간, 흔들리는 꽃과 수유
열매를 카메라에 담았다. Z f의 AF 영역 모드는
보다 섬세하게 기능해, 빠르게 움직이는 대상을
명확하게 잡을 수 있다. 셔터를 누르는 사람의
둔한 손이, 자유로운 자연을 수집할 수 있게 된다.
그렇게 오롯한 저마다의 시선을 넓혀간다.

Z f | 70mm | Deep Tone Monochrome | 1/100 | f/4 | ISO100

같고도 다른 이야기

글 이명주

수영장, 체육관, 코트, 운동장⋯. 비슷한 옷을 입고 비슷한 행위를 하는 사람들이
모인다. 하지만 그곳에 처음부터 끝까지 같은 이야기란 없다. 우리가 서 있는
장소는 같을지라도, 바삐 내쉬는 숨과 쏟아지는 땀방울은 다른 이야기로 흐른다.

물 속을 헤엄치는 남자들

Movie

정지우
〈4등〉(2014)

> "근데 지금은 진짜 일등하고 싶어요.
> 그래야지 수영을 계속 할 수 있으니까요."

ⓒ〈4등〉

한 아이가 수영장 물속으로 빨려 들어가듯 헤엄친다. 발바닥으로 벽을 힘차게 차 나아가고, 팔을 유연하게 뻗어 결승점에 가 닿는다. 가쁜 숨을 몰아쉬는 도중, 가장 먼저 보이는 건 엄마의 찌푸린 얼굴. 이번에도 4등이다. 수영 대회만 나가면 4등을 하는 준호는 새로운 코치와 시합을 준비한다. 그런데 준호를 아낀다던 코치는 손에 무언가를 쥐기 시작한다. 그걸로 자꾸만 준호를, 한 사람을 내려친다. 부어오른 허벅지를 모른 척하는 엄마를 보니 준호는 어째 마음이 더 아프다.

사실 이기는 방법 같은 거 잘 모른다. 수영이 좋았기 때문에 헤엄쳤던 준호는 잔혹한 수업을 피해 도망친다. 하지만 그것도 아주 잠시. 좋아하던 게 끔찍해질까 봐 도망쳤던 준호는 그저 수영이 좋았기 때문에 코치에게 돌아간다. 다시 헤엄칠 수 있게 부모님을 설득해 달라는 말에 코치가 답한다. "니 혼자 해봐라. 메달 딴디." 준호는 혼자가 되어 물에 뛰어든다. 그리고 레일을 벗어나 자유로이 헤엄친다.

대회 당일, 수많은 사람의 수많은 헤엄이 지나고 결과가 일렬로 줄 선다. 아이의 기록은 맨 앞에 서 있다. 아이를 바로 세우는 건 어른의 난폭함이 아니다. 거울을 바라보던 준호는 이제는 더 이상 아프지 않은 아이를 향해 옅은 미소를 짓는다. 단지 이겼기 때문이 아니라, 이길 수 있는 사람이라는 걸 스스로에게 증명해 냈기에.

물 속을 헤엄치는
남자들

Movie

질 를르슈
〈수영장으로 간 남자들〉(2018)

"참가만 하겠다고?
참가는 아무나 하는 줄 아나? 나갔으면 이겨야지!"

ⓒ〈수영장으로 간 남자들〉

또 다른 남자가 수영장 물속으로 미끄러진 듯 빠진다.
뜨기 위해 물 밖으로 얼굴을 내밀고 발을 구르는 사람들과
달리, 남자는 공허한 얼굴로 물 안에 잠겨 있다 맥없이
떠오른다. 중년 남자의 이름은 베르트랑. 사랑하는 가족과
우울증만이 그의 지루한 일상에 머문다. 베르트랑은 딸의
수영 수업을 기다리다 남성 수중 발레 회원 모집 포스터를
목격한다. '우리 우승했어요!'라며 환히 웃는 모습. 일상을
짓누르는 패배감을 물속에 퐁당 빠뜨리고 싶은 베르트랑은
그곳으로 향한다.
사실 이기는 방법 같은 거 잘 모른다. 무작정 시작한 수중
발레 팀에는 남자 일곱 명이 더 있다. 예민하고 까칠한,
존재감이 없는, 사업에 실패한, 무명 가수…. 달라도
너무 다른 그들은 '남자 수중 발레 세계선수권'에서
우승하겠다는 목표를 세운다. 혹독한 코치 아만다의
지휘 아래, 다른 듯 보였던 여덟 명의 남자는 팔과 다리의
동작이 같아지다가 마음의 방향과 일상을 대하는 시선도
같아진다.
대회 당일, 수많은 사람의 수많은 헤엄이 지나고 결과가
일렬로 줄 선다. 남자들의 기록은 맨 앞에 서 있다. 금빛
메달을 목에 건 그들은 아마도 다시는 이런 관심을 받지
못할 거라 생각하면서도 서로를 향해 반짝이는 미소를
짓는다. 단지 이겼기 때문이 아니라, 이길 수 있는
사람이라는 걸 스스로에게 증명해 냈기에.

링 위에 오르는
여자들

Movie

타케 마사하루
〈**백엔의 사랑**〉(2016)

"서로 싸우고 또 서로 어깨도 두드려주고
그런 모습들. 왠지 그런 걸 하고 싶더라고."

한 여자가 글러브를 고쳐 맨다. 그녀의 이름은 이치코.
이치코는 꿈도, 직장도, 친구도, 취미도 어느 하나 있을
법한 것도 전부 없는 무기력한 일상을 보낸다. 좋아하는
사람인 카노의 복싱 은퇴 경기를 보러 간 그녀는 우연히
마음이 머무는 순간을 만난다. 매서운 눈으로 치고받던
선수들이 경기가 끝나자 서로 꼭 안아주는 장면. 그 길로
동네 체육관에서 복싱을 배우기 시작하지만 게으르고
무기력한 태도는 여전하다.
증오가 없으면 주먹을 날릴 수 없다. 제멋대로 애정을
휘두르던 카노가 떠난 후, 이치코는 분노인지 해방감인지
모르는 심정으로 복싱 훈련에 몰두한다. 섀도복싱은 점점
민첩해지고 줄넘기가 빨라졌다. 얼굴에는 생기도 돈다.
흘러내리는 머리를 바짝 자른 채 인생 처음이자 마지막일
대회에 나선 이치코는 상대에게 펀치를 맞고 쓰러진다.
지난날의 뿌연 기억들을 원동력 삼아 한 번 더 일어선
순간, 게임은 끝난다.
상처 가득한 얼굴의 이치코는 링 아래로 내려온다.
속상하지만 한편으로 안도한다. 자신을 쓰러뜨린 상대에게
다가가 꼭 껴안고 온기를 나눴으니까, 누군가는 대단찮은
일이라 할지라도 내 손으로 직접 얻어낸 거니까. 자신과
치열하게 부딪혀 본 감각은 내가 이 세상 어딘가를
부유하는 존재가 아닌, 땅에 발을 붙이고 제대로 하루를
살아낸 존재라는 짙은 증명이 된다. 단 한 번이라도 이기고
싶었다며 엉엉 우는 이치코, 세상을 향한 아우성에서
과거는 더 이상 보이지 않는다.

ⓒ〈백엔의 사랑〉

링 위에 오르는 여자들

Movie

미야케 쇼
〈너의 눈을 들여다보면〉(2023)

"나도 강하지 않아."

또 다른 여자가 글러브를 고쳐 맨다. 그녀의 이름은 케이코. 1945년부터 운영됐다던 체육관은 기구를 사용할 때마다 난폭한 쇳소리가 귀를 찔러댄다. 물론 선천적 감음난청으로 귀가 들리지 않는 복서 케이코에게는 그 어떠한 소음도 문제 되지 않는다. 프로 복서 데뷔전에서 1분 52초 만에 KO 승리를 따냈던 케이코는 영광의 순간을 잊은 듯 매 순간 메마른 얼굴이다. 정직하고 성실하지만 열정의 잔해도 찾기 힘들다.

싸울 마음이 없으면 복싱을 할 수 없다. 이기기 위해 포기하지 않고 전력으로 부딪혀 오는 상대에게도 예의가 아니다. 다만 체육관의 울타리 바깥에서는 듣지 못하는 사람으로서 철저하게 소외되기에 복싱이라는 끈을 쉽게 놓을 수 없다. 앞으로 나아갈 수도, 과감히 멈출 수도 없는 상황을 헤매던 케이코에게 체육관이 문을 닫는다는 소식이 닿는다. 마지막 경기일지도 모르는 링 위에 선 케이코는 아주 완벽하게 진다.

상처 가득한 얼굴의 케이코는 링 아래로 내려온다. 분하지만 한편으로 후련하다. 그동안 미뤄둔 문제의 속을 들여다볼 시간을 번 셈이다. 쓰러뜨릴 상대를 모른 채 내지르는 펀치만큼 위태로운 것은 없으니까. 매일 뛰던 산책로에 앉아 사라진 체육관 속 동료들의 사진을 보던 케이코는 눈시울을 붉힌다. 언제나 강하지 않아도 좋고 매번 이기지 않아도 좋다. 눈물을 삼킨 얼굴로 번쩍 일어나 달리기 시작한 케이코, 작아지는 뒷모습에서 다시금 백열의 불씨가 번진다.

ⓒ〈너의 눈을 들여다보면〉

예술가의 24시

찰스 디킨스Charles Dickens

영국을 대표하는 소설가. 작품을 통해 1800년대 영국 사회의 부조리를 비판했다.
《위대한 유산》,《올리버 트위스트》,《두 도시 이야기》 등을 썼다.

> "산책에서 돌아온 디킨스는 에너지의 화신처럼 보였다. 감춰 놓은
> 창고에서 흘러나오듯 모든 모공에서 에너지가 흘러나오는 것 같았다."
>
> — 디킨스 처남의 말. Jane Smiley,《Charles Dickens》

am												pm											
12	1	2	3	4	5	6	7	8	9	10	11	12	1	2	3	4	5	6	7	8	9	10	11	12

잠   아침식사   산책

기상 후 정비   글쓰기   여가

**7:00
기상 후 정비**

언제나 같은 시간에 눈을 뜬다. 한 시간 후, 아침을 먹을 때는 아무 말도 하지 않는다. 디킨스는 규칙적인 삶을 중요하게 여기는 사람이다. 그의 아들은 아버지가 기계적으로 살아간다고 표현하기도 했다. 침대에서 욕실로, 욕실에서 식탁으로 가는 그의 모든 움직임을 상상해 본다. 매일 아침 같은 동선, 같은 표정이 그려진다.

**9:00
글쓰기**

아침을 먹으면 빈둥거릴 틈 없이 서재로 향한다. 글이 잘 써지든 써지지 않든 늘 오후 2시까지 꼼짝하지 않는다. 서재에도 규칙은 존재한다. 외부 소음은 완전히 차단되어야 하고, 거울과 펜은 항상 같은 자리에 놓여 있어야 한다.

**14:00
산책**

글을 쓰고 나면 바깥으로 나간다. 그는 매일 세 시간 동안 산책을 했다. 꽤 오랜 시간 거닐었던 셈이다. 산책길에서 소설의 전개를 고민했고, 지나치는 풍경에서 표현하고 싶은 장면을 찾기도 했다. 서재에서 벗어나 부단히 걸었던 시간은 그에게 창작의 동력이 되어주었다. 어쩌면《올리버 트위스트》에서 올리버가 빵을 더 달라고 하는 명장면도 산책에서 움트지 않았을까.

**17:00
여가**

저녁은 지친 몸을 차분히 가라앉히고 사랑하는 사람들과 함께한다. 저녁을 먹고 나면 보통 가족과 시간을 보내지만, 때로는 친구들을 만난다. 침대에 몸을 누이는 시간은 자정. 다음 날 아침, 디킨스는 또다시 철저한 시간표를 지켰을 테다.

허먼 멜빌Herman Melville

미국의 소설가이자 시인. 죽음 이후 작품이 재평가되어 큰 사랑을 받았다.
《모비 딕》, 《필경사 바틀비》, 《베니토 세레노》 등을 썼다.

> "젖소를 찾아가서 호박 한두 개를 잘라주고, 녀석이 먹는 모습을 옆에서
> 지켜봅니다. 젖소가 턱을 오물거리는 걸 보면 기분까지 좋아집니다."
>
> — 허먼 멜빌이 지인에게 보낸 편지 중

am									pm			

12 1 2 3 4 5 6 7 8 9 10 11 12 1 2 3 4 5 6 7 8 9 10 11 12

잠   글쓰기   여가

헛간과 밭   헛간과 여가

8:00
헛간과 밭

눈을 뜬 후 제일 먼저 헛간에 간다. 말과 젖소를 먹이고 그들을 사랑스러운 눈으로 바라본다. 동물들을 먹이고 나서야 비로소 아침을 먹는다. 멜빌은 농장에서 신체 활동을 하며 창작으로 쌓인 스트레스를 해소했다. 가축을 돌보고 채소를 키우며 땀 흘리는 일은 그에게 큰 기쁨이 되었을 것이다.

9:00
글쓰기

작업실 책상에 앉아 좋은 문장을 떠올려 본다. 한참을 열중하다 보면 누군가 작업실 문을 두드린다. 오후 2시가 됐다는 뜻이다. 무조건 글쓰기를 멈추고 의자에서 일어난다.

14:00
헛간과 여가

또다시 헛간을 찾는다. 친구라고 부를 정도로 사랑한 가축들을 먹이기 위해서다. 아침과 마찬가지로 헛간에 들른 이후 식사를 한다. 오후는 가족과 보내는 여가다. 어느 날은 어머니와 누이들을 데리고 썰매를 타러 갔다는 기록에서 그의 순수함이 엿보인다. 문학인을 위한 행사가 열리는 날에는 큰 설렘을 안고 발걸음을 옮겼다고 한다.

17:00
여가

이후의 시간을 어떻게 보냈는지에 관한 자세한 기록은 없다. 하루를 마치고 그가 책을 펼쳐보곤 했다는 것만 알 수 있을 뿐이다. 침대에 누워 다음 날 밭과 헛간에서 할 일을 떠올렸을 것만 같다. 옥수수밭에 있는 잡초를 없애야지, 벌레 먹은 순무를 골라내야지 하면서.

표트르 차이콥스키|Pyotr Tchaikovsky

러시아의 음악가. 고전 발레 음악 중 최고로 꼽히는 작품을 썼다.
'백조의 호수', '호두까기 인형', '잠자는 숲속의 미녀' 등의 대표작이 있다.

> "형님은 오후의 산책을 미신처럼 받아들이며 엄격하게 지켰다. 5분이라도 일찍 끝내면 병에 걸리고, 객관적으로 설명할 수 없는 불운이 닥칠 것처럼 정확히 두 시간 동안 산책했다."
> — 차이콥스키 동생 모데스트의 말. David Brown, 《Tchaikovsky: The Final Years》

	am				pm			
12 1 2 3 4 5 6 7	8 9	10 11 12	1 2	3 4 5	6	7 8 9	10 11 12	
잠	산책		식사		여가		여가	
	기상과 독서	작곡	산책		작곡			

7:00
기상과 독서

러시아의 작은 마을 마이다노보Maydanovo에 산다. 7시에서 8시 무렵에 일어난다. 한 시간 동안 차를 마시고 성경과 책을 읽는다. 고요하고 안온한 장면이다.

8:00
첫 산책

하루 산책을 두 번 나간다. 첫 산책은 아침에 시작해 45분 내로 집에 돌아온다. 가벼운 운동으로 아침을 연 셈이다. 바깥공기로 맑아진 머리에 새로운 악상이 떠오르면 그는 행복과 환희를 느꼈다. 매일 반복되는 아침 의례를 마치면 피아노 앞에 앉아 작곡을 시작한다. 그가 쓴 많은 위대한 발레 작품들도 이 시간 중 탄생했을 것이다.

12:00
두 번째 산책

작업을 멈추고 점심을 먹은 뒤 다시 산책하러 간다. 날씨가 흐리든 맑든 정확히 두 시간 동안 걷는다. 차이콥스키는 이 시간을 발상이 샘솟는 귀중한 시간으로 여겼다. 악상의 씨앗은 예기치 않은 상황에서 얼굴을 내밀고, 멈출 수 없는 속도로 꽃을 피운다고 표현했다. 그에게 걷기는 창작으로 향하는 문이었다.

14:00
여가와 작곡

다시 차를 마신다. 이때는 신문과 역사책을 본다. 그 후 두 번째 산책에서 얻은 영감을 건반 위에 펼쳐본다. 작업은 두 시간 정도 계속된다. 저녁 식사를 하고 사람들과 어울려 카드놀이를 한다.

다시 또, 한강

우리는 사랑한다. 그 뻔한 한강의 장면들을.

글·사진 차의진

강이 흘러온 시간

날이 좋으면 꼭 나오는 말이 있다. 아, 한강 가고 싶다.
쉼이 필요할 때 어김없이 떠오르는 이유는 한강이 늘 같은
자리에서 고요하게 흐르며 우리를 넉넉히 안아줬기 때문일
테다. 반짝이는 윤슬과 한강에 놓인 대교들, 자전거와
돗자리로 대표되는 익숙한 모습으로. 그런 한강에서
사람들은 움츠렸던 몸을 다시 늘리고 편다. 운동과 휴식을
원하는 이들에게 한강은 최적의 장소다.
한강이 지금의 평화로운 모습을 갖추게 된 건 한강의
긴 역사 중에서 비교적 최근 일이다. 한국이 빠르게
산업화를 경험하던 1960년대부터 강은 공장 폐수로
병들어 갔다. 잦은 범람으로 한강 곁에 사는 이들은 큰
피해를 보기도 했다. 그러던 1980년대, 정부는 88올림픽을
앞두고 한강을 서울의 얼굴로 만들 계획을 추진한다.
고수부지가 조성돼 홍수 피해에서 벗어나게 됐고, 공원도
마련됐다. 그리고 20여 년이 흐른 2000년대, 한강은
'르네상스 프로젝트'를 통해 새로운 모습으로 재탄생했다.

이촌이 주는 것

서울에 있는 한강공원은 모두 열한 곳. 공원 각각의 특색을
살피는 일도 재미다. 여의도는 잔디밭에 앉아 소풍을
즐기는 가족과 친구, 연인들로 늘 북적인다. 반면 망원은
다리를 옆에 두고 강을 감상할 수 있어 사색을 즐기기 좋은
장소다. 그날의 기분과 목적을 고려해 원하는 강의 장면을
선택할 수 있다는 것도 서울의 축복이 아닐까.
그중에서도 이촌 한강공원은 다양한 체육 시설이 있어
운동하기 좋다고 알려져 있다. 다른 공원에서는 보기 힘든
축구 교육장, X-게임장 등이 자리 잡고 있다고. 그곳에서
사람들은 어떻게 몸을 움직이고 있을까. 어떤 이야기를
나누며 웃고 있을까. 이촌의 얼굴이 궁금해졌다. 조용하고
고즈넉한 주거 단지를 지나 이촌 한강공원으로 천천히
들어섰다.

응원을 주는 안전지대

"아야, 나 계속 넘어져."
"괜찮아? 처음이니까 그렇지. 다시 일어나보자."

온몸을 파란 보호 장비로 두른 남자아이가 힘차게 경기장을 달렸다. 한 바퀴를 돌 때마다
한 번은 꼭 둔탁한 마찰음과 함께 넘어지고 만다. 그때마다 속에서 짧은 탄식이 흘러나왔지만,
엄마는 아들을 가만히 지켜봤다. 엄마, 낙엽 때문에 미끄러워서 넘어지는 것 같아. 아이는
엄마에게 눈을 돌려 서투름에 대한 응원을 구했다. 그런 아이에게 엄마가 건넨 말은 덤덤하고
다정하다. 아이는 일어나 똑같은 코스를 빙빙 돌았다. 어김없이 넘어졌지만 다시 일어섰고, 다시
넘어졌고, 다시 일어섰다. 이곳에서의 추억이 아이에게 작은 교훈을 새겨 넣지 않을까 생각했다.
실패해도 계속 시도하면 된다는 그 뻔하고 든든한 교훈을.
농구공이 골대에 들어갈 때까지 공을 던지고, 새로운 영법을 터득할 때까지 헤엄치는 일은
실패와 성공의 연속이다. 그 과정에서 우리는 '다시 해보는 마음'을 배운다. 그런 운동의
가르침을 찾아 이촌을 찾은 이들에게 한강은 물결과 바람으로 말하는 것만 같다. 넓게 펼쳐진
경기장과 잔디에서 넘어져도 보고 일어나도 보라고. 사람들은 그 너그러움에 위로받고 다시
일상으로 힘차게 나아간다.

A. 서울 용산구 이촌동 302-133 O. 하절기 9:00-19:00 동절기 9:00-17:00

이촌 인라인·롤러 스케이트장

세계 최초의 포물선형 트랙을 갖춘
롤러스포츠 경기장이다.
국제 기준에 맞는 바닥 마감재를
사용해 안전하고 전문적으로 운동을
즐길 수 있다. 2019년 전국체육대회와
전국장애인체육대회 경기장으로도
사용됐다. 어른은 이천 원, 아이는
천 원으로 종일 이용할 수 있다.
탁 트인 하늘색 트랙을 보면
인라인스케이트를 몰라도 일단 달리고
싶어진다.

그저 나일 수 있는 곳

"바람에 날려버린 허무한 맹세였나.
첫눈이 내리는 날 안동역 앞에서 만나자고 약속한 사람…."

자전거를 탄 노인이 구수한 가락의 노래를 크게 틀고 지나가자, 주변의 이목이 쏠렸다. 이어폰이
익숙한 세대에게는 아무래도 낯선 장면이다. 강가를 따라 걸으며 다른 자전거도 살폈다.
한 중년의 자전거에는 귀여운 인형이 달렸다. 어떤 연인은 나란히 따릉이를 탔고, 어떤 이는 잠시
자전거를 세워두고 벤치에 앉아 밥을 먹었다.
문득 한강은 뭘 해도 어색하지 않은 곳이라는 생각이 들었다. 각자가 원하는 방식으로 자유롭게
움직이고 쉬어가면 된다. 그런 한강의 너른 품을 알았기에, 처음 마주친 그 노인도 음악을 크게
틀고 자전거를 타지 않았을까. 그가 느꼈을 즐거움을 떠올리니 미소가 지어졌다.

이촌 한강공원 자전거 도로

이촌은 다른 한강공원보다 한적하고
조용한 편이다. 따라서 여유롭게
한강을 감상하며 자전거를 타기 좋다.
이촌 주민들은 원효대교 북단부터
금호나들목까지 이어지는 자전거 길을
추천한다. 천천히 페달을 밟으면 40분
정도 걸리는 코스다. 강변북로 아래로
들어서면 비와 눈을 피해 자전거를
탈 수 있다.

LCDC SEOUL의 나선형 계단을 따라 3층으로 올라오면 일곱 개의 문을 마주하게 된다. 여섯 개의
브랜드와 팝업스토어 하나가 자리한 이곳은 '도어스'. 애니메이션 〈몬스터 주식회사〉에서 영감을
받아 탄생한 공간이다. 영화 속에는 수많은 방문이 등장하는데, 이는 각양각색의 캐릭터들과 그들의
사연을 이어준다. 곧게 뻗은 복도를 사이에 두고 선 일곱 개의 문 또한 어느덧 LCDC SEOUL의
상징적인 존재로 자리매김했다. 굳게 닫힌 민트색 문을 열며 도어스의 시작을 함께한 한아조,
셀렉트 마우어, 요안나, 오이뮤. 연말을 기념하여 네 브랜드와 LCDC SEOUL이 합심해
네 가지의 'LCDC Limited Goods'를 제작했다. 회색 건물과 중정의 터줏대감 '대왕 참나무'로부터
힌트를 얻어, 이곳을 방문한 이들이 언제 어디서든 LCDC SEOUL의 추억을 떠올릴 수 있도록
문 안팎의 이야기를 담아냈다. 한 해의 끝을 맞이해 층과 층, 방과 방, 문과 문 사이를 오가는 동안
마주한 장면을 헤아려 본다. LCDC Limited Goods는 눈부신 순간으로 향하는 키를 내어줄 것이다.

LCDC

문 안팎의 이야기

에디터 오은재
자료 제공 LCDC SEOUL

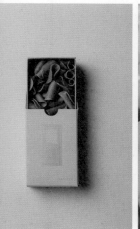

1.   2.   3.   4.

O. 매일 11:00-20:00

1. 한아조—비누 칩스

도어스의 문이 새겨진 비누 칩스 패키지를 조심스레
열자마자 은은한 향이 퍼진다. 문득 복도에 맴돌던 비누
향을 따라 한아조에 들어선 순간이 떠오른다. 둥근 조각을
꺼내 거품을 내면 당시의 경험은 더욱 선명해진다. 많은
사람의 하루가 안온하길 바라던 제작자의 온기 어린
마음이 피부 사이로 스며든다.

3. 요안나—키링

문구 편집숍 요안나가 선보이는 열쇠 모형 키링은 행복으로
향하는 문을 열어준다. 도어스의 문 뒤에서 마주한 추억을
오래도록 간직하길 바라며 반짝이는 플라스틱 재질로
제작했다. 'Good Luck Everyday'란 문구를 부적 삼아
매일 함께해 보는 것은 어떨까. 언제든 소소한 행운을
마주칠 수 있을 것만 같다.

2. 셀렉트 마우어—코스터

리빙 편집숍 셀렉트 마우어는 자연의 생명력을 표현하는
공예가 오수와 협업하여 특별한 선물을 제작했다. 작가의
대표작 '이끼 코스터'에 LCDC SEOUL 건물의 짙은
색감과 구조적인 형태를 녹였다. 회색 건물 사이에 낀
이끼를 연상케 하는 코스터는 머그잔과 함께 두면 오래된
친구처럼 잘 어울린다.

4. 오이뮤—책갈피

기발한 디자인으로 한국의 미를 조명하는 오이뮤는 노방
책갈피에 한가로운 중정의 한때를 박제해 두었다. 다양한
빛과 색을 품어내는 회색 천 위 정성스레 수놓은 대왕
참나무 자수를 매만져 본다. 오랜 시간 묵묵히 자리를
지켜온 나무의 기억들이 전해지는 듯하다.

H. lcdc-seoul.com

A. 서울 성동구 연무장17길 10

LCDC SEOUL에서 LCDC Limited Goods와 함께 의미 있는 마무리를 하고 싶다면, 오는 12월 펼쳐질 'LCDC Winter Trip'을 주목할 것.
한 달 동안 LCDC EXPRESS 포토존 행사와 더불어 다양한 이벤트가 펼쳐질 예정이다. 관련 소식이 궁금하다면 LCDC 공식 인스타그램 채널
'@lcdc.seoul'을 검색해 보자.

단풍처럼
여백 없이 따듯하게

Tim Hortons.
CANADIAN COFFEE HOUSE

캐나다의 겨울은 길다. 그래서일까. 이곳에 사는 사람들은 온기의 가치를 소중히
여긴다. 눈길이 닿는 곳마다 피어 있는 붉은 단풍잎처럼 이웃 간에 따듯함이 모락모락
올라온다. 캐나다의 국민 커피 브랜드 팀홀튼Tim Hortons에서도 포근한 훈훈함이
느껴진다. 이제 대한민국의 수도 서울에서도 팀홀튼의 온기를 움켜쥘 수 있다.

에디터 **지정현**
사진 **팀홀튼**

아이스하키의 나라

각 나라를 대표하는 스포츠가 있다. 미국은 농구, 영국은 축구, 인도는
크리켓. 한국은 시기마다 다르지만, 국제적인 대회가 없다면 대개는
야구. 관중들은 중요한 경기 때마다 스타디움에 모여 자신이 응원하는
팀의 이름을 목이 나가라 외친다. 스포츠는 그런 힘이 있다. 타인과
하나가 되어 일면식도 없는 선수를 응원하게 만드는 응집력이.
캐나다는 아이스하키다. 캐나다 사람들은 조그마한 퍽Puck을 몰면서
빙상 위를 내달리는 거친 스포츠를 '또 하나의 국기'라 부르며 열광한다.
'캐나다인에게 하키는 전쟁이다.'라는 농담도 있을 정도로. 순박한
캐나다 사람들도 NHL 리그에서 캐나다 소속 팀이 패배하면 영국의
훌리건 못지않게 불같이 화를 낸다고 한다.
아이스하키의 나라에서 1950년대를 풍미했던 캐나다 하키 영웅
팀 호턴Tim Horton의 커피 전문점 팀홀튼이 국민 브랜드로 거듭나는
건 당연한 일일지도 모른다. 하지만, 그의 이름이 팀홀튼의 전부는
아니었다. 자신을 향한 캐나다인들의 애정을 온전히 돌려주겠다는
마음이 오늘의 팀홀튼을 만들었다. 그렇게 1964년 캐나다
온타리오주에서 시작한 조그마한 커피 전문점은 분주한 아침의 휴식
공간이자 동네 주민들의 모임 장소가 됐다.

사이를 메우는 온기

국가를 대표하는 브랜드를 떠올려 보면 생각보다 많지 않다는 사실에
놀란다. 국민 브랜드를 만드는 일은 그 나라에 사는 사람들의 라이프
스타일과 사고방식을 브랜드 정체성을 해치지 않으면서 녹여야 하는,
머리가 지끈거릴 정도로 고단한 과정이기 때문이다. 마법처럼 '짠' 하고
성공했다고 해도 국민의 공감과 사랑을 받지 못한다면 쉽게 잊히고
만다.
60년의 시간 동안 캐나다인들의 라이프 스타일 속으로 스며 들은 결과,
팀홀튼은 티미Timmy라는 애칭으로 불릴 정도로 캐나다에서 분리될 수
없는 상징이 됐다. "캐나다를 대표하는 브랜드가 무엇인가요?"라는
질문에 "당연히 티미죠!"라고 답할 수 있을 만큼. 그렇기에 매장 곳곳에
그려진 단풍나무 로고만 봐도 알 수 있는 것처럼, 팀홀튼은 자신들이
캐나다 브랜드임을 숨기지 않는다.
자연의 변덕 앞에서 가장 소중한 건 믿고 의지할 수 있는 옆 사람의
온기뿐. 겨울이 긴 캐나다에 타인을 환영하는 문화가 자리 잡은 것도
같은 이유일 것이다. 팀홀튼은 온기의 소중함을 아는 캐나다인의 마음을
'보살핌Caring'이라 부르며 자신들의 핵심 가치로 내세운다. '스마일
쿠키Smile Cookie'라는 메뉴를 판매해 수익금 전부를 해당 점포가 위치한
지역 커뮤니티에 기부하는 캠페인에서는, 보살핌을 통해 지역 주민들과
함께 상생하고자 하는 팀홀튼의 진심으로 느낄 수 있다.

순간마다 한 입 가득

캐나다의 국토는 광활하다. 한반도의 45배 정도나 된다. 드넓은 대륙을
자동차로 횡단한다고 상상해 보자. 할리우드 영화에서 선글라스를 낀
주인공이 2차선 도로를 밤낮으로 달리는 장면을 떠올리면 된다. 지평선
너머 끝없이 이어진 도로를 달리는 픽업트럭. 한참을 달려도 나무랑
하늘뿐이다. 대한민국처럼 대중교통을 타고 휙휙 옆 동네로 다닐 수
있는 환경이 영 못 되니 긴 여정에서 마주하는 카페는
그 기능부터 한반도와 다르다. 장거리 운전에 지친 몸을 달래주는
맛있는 음식이 필수다. 게다가 추운 날에는 꽁꽁 언 몸을 녹일 수 있어야
할 테니 신선하고 따듯해야 한다.
그래서 팀홀튼에는 도넛뿐만 아니라 샌드위치와 수프, 베이글 등 간단히
끼니를 때울 만한 식사 메뉴가 구비되어 있다. 그것도 주문과 함께
그 자리에서 만들어 주는 시스템으로, 언제든지 신선하게 즐길
수 있도록. 이렇다 보니 캐나다에서 팀홀튼은 사실상 여행의 다른
말이나 다름없다. 시동을 걸고 드라이브스루에 들러 커피와 조그마한
팀빗Timbits 한 봉지를 산다. 한창 운전하다가 몸이 뻐근하면 또 팀홀튼에
들러 달콤한 음료로 에너지를 충전한다. 시작부터 마무리까지 팀홀튼이
함께한다고 해도 과언이 아니다.
나처럼 먹을 거 좋아하고 한 장소에 머무는 것이 익숙한 사람에게도
팀홀튼은 천국이다. 아마 커피 한 잔 하면서 노트북을 두드리다가 식사
때가 되면 카운터로 가 턱을 감싸 쥐고 한참을 고민할 것이다. 도넛을
하나 더 먹을까. 아니면 이번엔 멜트 샌드위치를 시켜 볼까. 다양한
음료와의 궁합도 생각해야 하니 팔짱을 끼고 한 번 더 고민하다가 결국
하나는 매장에서 먹고, 다른 메뉴는 테이크아웃할 것이 뻔하다.

쉽게 내린 한 잔 없이

몇 년 전부터 스페셜티 커피가 유행하면서 한국 사람들도 커피 맛에
민감해졌다. 옛날엔 카페가 좁은 땅덩어리에서 잠깐 궁둥이 붙이고
쉬거나 작업을 할 수 있는 공간이었다면, 이젠 '내 입맛에 맞는 커피'를
마실 수 있는 미식의 영역이 됐다. 관대한 입맛을 가진 나도 급히 처리할
업무가 있어서 들른 카페의 음료 맛이 별로라면, 미간부터 찌푸린다.
돈이 아까우니 꾸역꾸역 원샷을 해버리지만.
원두는 고도가 높은 곳일수록 천천히 자라고 향과 맛도 풍부하게
머금는다. 그래서 맛있는 커피를 만들기 위해선 높은 산지에서 커피콩을
키우는 것이 좋다. 팀홀튼은 100퍼센트 프리미엄 아라비카 원두를
해발 2,400미터 고산지대에서 재배한다. 원두들은 경력이 풍부한
전문가들에 의해 선별되고 로스팅되어 전 세계 매장으로 조달되기
때문에 균일하고 높은 품질의 커피를 제공할 수 있다.

이렇게 내린 커피는 다양하게 베리에이션 되어 오늘의 기분에 따라 고를 수 있는 음료로 만들어진다. 푹푹 찌는 여름이 오면 캐나다로 워킹홀리데이를 다녀왔던 친구가 노래를 부르던 아이스캡. 나른한 오후에 피를 확 돌게 하는 당이 필요할 땐 달달한 향이 풍기는 프렌치바닐라. 원하는 대로 설탕과 크림의 양을 조절할 수 있는 더블더블까지.

익숙한 보살핌

낯섦이라는 벽만 허물어지면 '여기까지 챙겨준다고요.' 싶을 정도로 한국인은 정이 많다. 삶이 팍팍해지고 타인에 대한 경계가 삼엄해진 요즘엔 그 벽이 두꺼워져서 좀처럼 정다운 정을 느끼기 힘들지만 말이다.
고속터미널역의 기다란 에스컬레이터에 몸을 싣고 올라가다 보면 습관처럼 지하로 내려가고 있는 반대편 사람들의 표정을 살피게 된다. '고단한 몸을 이끌고, 다들 참 꿋꿋이 하루를 살아가는구나.'라는 존경심이 절로 들기 때문이다. 다짜고짜 손을 잡고 "저도 오늘 힘들었는데, 오늘도 수고하셨어요!" 할 수는 없으니, 속으로 '힘드시겠어요.' 생각만 하고 옥상달빛 노래나 재생해 버리고 만다. 팀홀튼과 캐나다의 보살핌은 한국인의 정과 닮았다. 국토의 면적과 밀도, 카페를 향유하는 방식은 다르지만, 결국 사람의 따뜻함을 소중히 여긴다는 점에서 이름만 다를 뿐 궤를 같이한다고 생각한다. 스포츠에는 열광적으로 돌변한다는 점도 비슷하다. 승부욕 넘치는 사람들이 정도 많은 걸까.
온기를 전하는 브랜드라니. 트렌디하고 화려한 방식으로 소비자들을 매혹하는 브랜드가 넘쳐나는 서울에선 너무 담백할 수도 있지만, 팀홀튼은 지금 한국 사람들에게 가장 필요한 가치를 품은 브랜드일지도 모른다. 전 세계 5,700여 개 매장을 두고 있는 팀홀튼, 유독 한국에서의 모습이 기대되는 이유다.

팀홀튼 브랜드북
어라운드와 팀홀튼 코리아가 함께 만든 브랜드북. 팀홀튼이 작은 커피숍에서 시작해 오늘날 글로벌 프랜차이즈가 되기까지의 과정을 담았다. 팀홀튼의 주요 직원 인터뷰를 통해 브랜드가 추구하는 '보살핌'이 무엇인지, 글로벌 브랜드로 거듭나기 위해 어떠한 노력을 했는지 들여다 볼 수 있다. 이외에도 캐나다인이 팀홀튼을 사랑하는 이유와 대표적인 메뉴 정보까지 있으니, 팀홀튼을 처음 접한 이들에게 유용한 가이드북이 되어준다.

아침은 거르지 말고 챙겨 먹어. 아프지 않도록 영양도 신경 써. 바쁜 일상 구석에
넣어둔 말을 꺼내 보니 애정이 흠뻑 스며 있다. 건강한 식재료 세 가지로 만든
먹거리를 만났다. 역시 그 안에 담긴 건 사랑하는 이의 안녕을 바라는 마음이다.

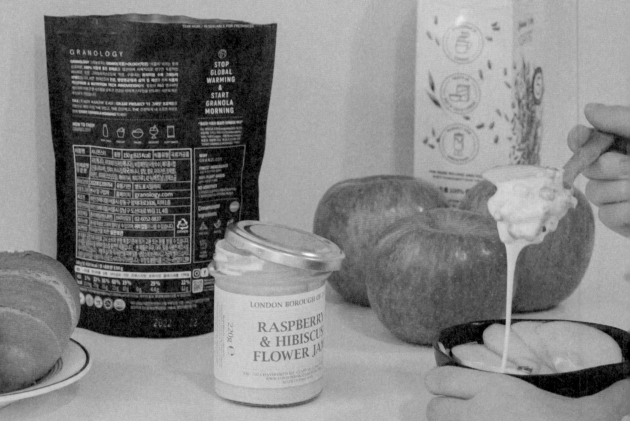

이토록 건강한 한 입

에디터 차의진

자료 제공 어플러드, 워커비, 룩트

아침을 여는 습관, 어플러드

applaud

"사과는 몸에 이로운 영양소를 풍부하게 담고 있어요. 그중 장운동을 활발하게 하는 펙틴과 피로 회복에 도움이 되는 유기산이라는 영양소 때문에 '아침 사과는 금'이라는 말이 유래되기도 했죠. 어플러드가 매일 아침 사과를 먹는 습관을 제안하는 건 이런 사과가 가진 효능이 아침에 활력을 주기 때문이에요. 아침의 기분이 하루 전체를 좌우한다고 믿어요. 사과 한 알로 하루를 시작하는 에너지를 얻고 건강한 일상을 위한 작은 도움을 얻기를 바라요."

사과는 사계절 내내 우리 곁에 있다. 여름에는 상큼한 아오리, 가을에는 달달한 홍로와 감홍, 겨울에서 봄까지는 신맛과 단맛의 균형이 좋은 부사가 순서대로 수확된다.

어플러드는 사과의 힘을 일상성에서 찾는 브랜드다. 언제든 쉽게 만날 수 있는 사과를 매일 아침 만나보기를 권하며, 감각적이고 기분 좋은 제품들로 우리의 아침을 두드린다. 무설탕 사과즙은 건강을 응원하는 어플러드의 마음이 담겼다. 어플러드는 충북 보은 속리산에서 정성스레 키워낸 사과를 물 한 방울도 섞지 않고 그대로 짜낸다. 이때 낙과나 흠이 있는 것이 아닌, 온전한 열매만을 쓴다. 무설탕 사과즙은 새롭게 출시된 스타터 키트에서 더 즐겁게 만날 수 있다. 사과 습관을 시작하는 비기너를 위해 구성된 키트에는 사과 세 알과 사과즙 열 포, 기록 카드와 스티커가 담겨 있다. 원물과 사과즙을 하나씩 꺼내 먹을 때마다 기록 카드에 그려진 사과를 색칠하다 보면, 어느새 나는 매일 사과를 먹는 건강한 사람이 된다.

사과 탄산수   사과즙과 탄산수를 1:1 비율로 섞기. 시원한 여름 음료.
애플 시나몬 티   사과즙을 데워 시나몬 스틱 하나 퐁당.
애플 칵테일   메이플 시럽 2T, 레몬즙 2T, 보드카 소주잔으로 한 잔, 사과즙 한 포.

달콤한 충전, 워커비

WORKERBEE'
ESTD. 2019
HONEY

"벌꿀은 천연 감미료이자 우리 몸에 에너지가 되는 훌륭한 탄수화물 공급원이에요. 꿀은 혈당 수치가 낮아 에너지를 지속적으로 높여, 운동 능력 향상에 효과가 있어요. 특히 사이클처럼 오랜 시간 동안 하는 운동에는 벌꿀이 도움이 될 거예요. 운동 전, 즉각적이고 지속적인 에너지원인 꿀로 활동을 준비해 보세요."

꿀을 떠올리면 어릴 적 할머니가 서늘한 곳에서 큰 유리병을 꺼내 한 숟갈 움푹 뜨는 모습이 그려진다. 하지만 워커비가 그리는 꿀의 이미지는 좀더 젊고 간편하다.

워커비는 요리에 꿀을 사용하는 50-60대를 넘어 젊은 세대의 일상으로 꿀 소비를 확대하려는 브랜드다. 나아가 지역 양봉 농가와 꿀벌 보호를 지원해, 더 나은 지역 사회와 환경을 위해 힘쓴다.

워커비는 핑크레모네이드, 모히또, 생강, 장미 등 색다른 꿀을 선보인다. 취향 찾기를 즐기는 이들에게 워커비의 다양한 맛은 새로운 재미다. 그중 얼그레이꿀은 향긋한 밀크티로 활용해 나른한 오후 에너지를 충전하기 좋다. 소화가 쉬운 꿀과 스리랑카산 홍차에서 추출한 은은한 얼그레이 향료로 기분 좋은 달콤함을 느껴보면 어떨까.

얼그레이 밀크티 따뜻한 우유에 얼그레이꿀 한 스푼.
프렌치 토스트 빵 위에 얼그레이꿀 한 바퀴 빙글.
베이킹 반죽에 넣어 얼그레이 향 즐기기.

즐거운 요거트 한 끼, 룩트

lukt

"탄수화물을 섭취하는 건 쉽지만, 단백질과 양질의 지방을 잘 챙겨 먹는 건 쉽지 않아요. 요거트에 그래놀라를 곁들인 요거트볼이라면 단백질, 지방이 균형 잡힌 완벽한 식사를 간편하게 할 수 있죠. 요거트볼은 밥, 면, 빵에 뒤지지 않는 주식이에요. 브랜드 론칭 전, 북유럽에서 거의 매일 아침 요거트볼을 먹으면서 요거트의 이로움에 대한 확신을 경험했어요."

요거트는 이름만 들어도 건강해질 것만 같은 식재료다. 룩트는 요거트 중에서도 북유럽의 슈퍼푸드로 불리는 아이슬란딕 요거트 '스키르Skyr'를 소개한다. 스키르는

단백질은 높지만 당은 낮고, 좋은 원유와 유산균으로만 만든다. 룩트는 스키르와 그래놀라, 과일, 꿀을 함께 먹는 요거트볼을 선보여, 요거트를 찾는 이들을 재미있는 미식 경험으로 초대한다.

룩트의 스키르는 띠크와 마일드 총 두 가지. 띠크는 상대적으로 질감이 되직하고, 마일드는 좀더 수분감이 느껴진다. 마일드는 총열량과 지방 섭취를 줄이려는 이들에게 알맞다. 소보로빵에서 착안해 만든 소보로 그래놀라와 사과퓨레 애플스틱을 스키르에 곁들이면 디저트로도 손색없다. 토핑은 스무 가지가 넘으니, 즐겁게 단백질을 보충하고 싶다면 룩트의 스키르가 제격이다.

잼으로 활용 크래커 또는 잘 구운 빵에 발라 먹기.
커피 디저트 핸드드립 커피에 곁들이기.

가을을 보내며

계절과 함께 사는 일은 놀라운 일투성이다.

글 정다운 사진 박두산

가을

계절이 가을로 들어서기 시작할 때부터 부쩍 컨디션이 좋지
않았다. 손목부터 무릎, 발목, 허리까지 온몸 구석구석
관절이 아팠다. 새로운 통증은 아니었다. 번갈아 따로따로
아프던 관절이 한꺼번에 비명을 질렀다. 그것뿐만이
아니다. 피로가 도무지 떨쳐지지 않았다. 한낮에도 잠이
쏟아졌다. 이렇게 졸려도 되는 건가. 나 괜찮은 건가. 기절한
듯 자다가 개운하지 않은 기분으로 일어나곤 했다. 소화도
잘 안됐다. 하지만 입맛은 여전히 살아 있어서 계속
무언가를 먹었고, 속이 부대꼈고, 후회했고, 또 먹었다.
병원을 가야 하나? 내과? 통증의학과? 정형외과? 아니면
산부인과에 가봐야 하나? 어떤 병원을 가야 하는지 갈피를
잡기가 어려웠다. 건강 검진을 조금 앞당겨서 할까? 가까운
병원에 가서 피 검사라도 받아볼까?
지금까지 딱히 아픈 곳 없이 잘 먹고 잘 소화시키고
잘 자며 대체로 건강하게 살아온 터라 이런 몸 상태가
낯설다. 안 되겠다 싶었다. 내 몸을 다시 예전 상태로
돌려놓기 위해 내가 할 수 있는 일들을 하기 시작했다.
평소 건너뛰던 아침을 먹었고, 잘 챙겨 먹지 않아
유통기한이 임박한 종합 비타민 등 영양제도 다시 꼬박꼬박
먹었다. 라면이나 떡볶이를 덜 먹고 끼니마다 5대 영양소를
골고루 먹으려 노력했다. 유독 피곤한 날엔 친구가 준
고용량 비타민도 하나 까먹었다. 하지만 컨디션은 도통
좋아질 기미가 없었다.
나이가 들어서 그런 건가? 혹시 어디 아픈 건 아닐까?
꺼내어 말은 안 했지만 내심 걱정도 했다. 어디 많이 아픈
거면 어쩌지. 주변에 각종 병을 진단받는 젊은 지인들이
늘어나고 있고, 더 이상 병은 남의 일이기만 한 것이 아니다.
언제든 나한테도 일어날 수 있는 일이라는 걸 알고 있다.
하지만 가능하면 피하고 싶다.
원인 모를 통증으로 끙끙 앓는 동안 야속하게도 바깥 날씨는
좋았다. 우리나라 가을 날씨야 대체로 좋은 편이라지만
근래 이렇게 쾌청한 가을이 있었나? 내가 기억하는 한 매년
가을은 언제나 짧았고, 특히 내가 사는 제주의 가을은 더
짧은 편이다. 9월이 다 가도록 뜨거운 여름이었다가, 11월이
되면 바로 차가운 겨울이다. 찰나의 짧은 가을을 즐길라치면
바로 태풍이 오곤 했다. 그러다 보니 체감상 가을은
일주일이 채 되지 않았다. 하지만 올해 가을은 길었다.
맑고 쾌청하고 바람도 잔잔한 날이 몇 주간 이어졌다.
길에서 만나는 여행자들의 표정이 모두 밝다. 여행의
팔 할은 날씨니까. 모두 좋은 여행 되세요. 그런데 내
컨디션은 언제 좋아지는 거지. 바깥의 가을을 창문으로
내다보며 푸념했다.

또 가을

어느 밤 외출 후 집에 돌아오는데, 코끝에 산뜻한 향이
스친다. 어디선가 맡아본 듯한 익숙한 향기긴 한데,
집 앞에서 이런 향을 맡은 건 처음이라 낯설다. 어둠 속을
두리번거렸지만 향의 근원을 찾기 어렵다. 이 이야기를
했더니 누군가 금목서나 은목서 향기일 수도 있다고
말해주었다. 향기에 대한 설명을 듣곤 계절을 더해 꽃과
나무 이름을 짐작하다니. 세상엔 멋진 사람들이 정말 많지.
다음 날 아침 마당의 고양이들에게 사료를 주러 현관문을
열고 나갔는데 어제 그 향이 나지 않는다. 꽃향기가
아니었나? 아쉬운 마음이 든다. 그런데 그날 저녁, 다시
그 향기가 마당의 공기를 채웠다. 며칠 후 마을 입구에 있는
집 담벼락에서 커다란 금목서를 발견했다. 밤이면 바람의
방향이 바뀌어 이 향기가 우리 집까지 닿는구나. 금목서
향기를 실은 바람의 방향 쪽으로 의자를 꺼내두고 햇볕을
쬐며 한나절 앉아 있고 싶다. 가을이다.
다음 날 시내에 볼일이 있어 나갔다가 충동적으로
한라수목원에 들렀다. 목적은 하나. 금목서 찾기. 수목원
입구부터 금목서를 찾으며 천천히 걸었다. 각종 제철
꽃들이 만개한 가운데 아무리 코를 벌름거려도 금목서는
없다. 한 시간쯤 걸었을까, 금목서는 찾지 못했지만
무거웠던 머리가 가벼워지고 다리에 힘이 차오른다.
컨디션이 한결 좋아졌다. 그러고 보니 오랜만의 외출이다.
책을 내기로 하고 출판사와 계약을 했는데 글이 잘 풀리지
않아 끌어안고 있은 지 꽤 되었다. 숙제가 잔뜩 있는데 외출을
한다는 게 마음 편치 않아서 지난 몇 달 집 안에 틀어박혀
있었다. 그렇다고 원고 진도가 나갔던 것도 아니다.
스트레스만 차곡차곡 쌓였다. 그게 문제였을지도 모르겠다.
그 주 주말 일부러 시간을 내어 송악산 둘레길을 걸었다.
조금 쌀쌀했지만 햇볕이 맑고 따뜻해 걷다 보니 땀이 났다.
둘레길을 따라 처음부터 끝까지 한 바퀴 걷는 데
한 시간이 조금 넘게 걸렸다. 탁 트인 넓은 바다와 가파도를
바라보며 산의 둘레를 걷는 동안 언제 봐도 놀라운
제주의 풍경에 감탄하고, 수없이 보며 살지만 마주칠
때마다 어김없이 설레는 말들에게 인사했다. 지나다 만난
어린이에게 주머니의 귤을 건넸고, 여행객들의 단체 사진을
찍어주었다. 그날 관절의 통증이 거짓말처럼 사라졌다.
대체 무슨 일이 있었냐는 듯 몸이 개운하다.
아무래도 가을의 길목 환절기가 가져다준 통증이었던
것 같다. 그리고 그 통증이 가을을 가로질러 걷는 동안
사라졌다. 햇볕과 바람을 관절 마디 사이에 채웠다.
병 주고 약 주네 조금 약이 올랐지만, 저 멀찍이 뿌리
내리고 서 있는 가을의 금목서가 나를 집 밖으로

끌어냈다고 생각하니 영광스러운 일이다. 내년 환절기는
조금 덜 아프게 지나갈 수 있을 것 같다. 금목서 향기를
떠올리기만 하면 된다.

컨디션이다. 어디가 어떻게 좋지 않았는지 사실 세세하게
기억이 나지 않는다. 걷겠다는 마음도 사라질까 봐 쓴다.
사는 동안 사는 곳을 걷자고. 그게 나를 살리는 일이라고.
참 쉬운 일이다.

겨울

무사히 가을을 보냈다. 더 이상 마당에서 금목서 향기는
나지 않는다. 제주의 긴 겨울이 시작될 것이다. 많은
사람들이 제주도는 남쪽의 따뜻한 섬이라고 생각한다.
실제로 기온이 영하 이하로 내려가는 날은 거의 없다.
하지만 바람이 세서 체감 온도는 그보다 훨씬 낮다. 게다가
제주도는 실내가 추운 편이다. "어쩜 집이 더 추워!"
제주에서 흔히 듣는 말이다. 비싼 난방비 때문에 많은 경우
대부분 집에서도 솜바지에 경량 패딩을 입고 수면 양말을
신고 지낸다. 음, 그중에서 우리 집은 특히 더 추운 것
같기도 하다.
지어진 지 20년이 훨씬 넘은 목조 주택이라 창문 틈으로
찬바람이 솔솔 들어와 자려고 침대에 누우면 코끝이
시리다. 본격적인 겨울이 오기 전 창문마다 꼼꼼하게
에어캡을 붙이고 마치 이불처럼 생긴 방한 커튼을 창문마다
단다. 효율이 떨어지는 보일러는 거의 켜지 않고 대신 등유
난로를 사용한다. 오전에 일어나 난로를 잠깐 켜 집 안을
데운 후, 오후 서너 시쯤 집 안 기온이 낮아질 때 한 번
더 켰다가 저녁때쯤 끄면 춥지 않게 잘 수 있다. 등유 난로
위엔 주전자를 하나 올려 두고 종일 차를 끓인다. 따뜻한
차도 마시고, 집 안 온도도 높이기 위함이다. 보글보글 물이
끓으면 집 안 공기가 천천히 따뜻해진다.
억새가 가득 피어 있는 언덕 위에 곧 눈이 쌓일
거고, 마당엔 고양이들의 발자국이 생길 것이다. 흐리고
거친 날씨가 이어질 것이다. 그 추위 속에서도 붉은
동백꽃은 피겠지. 가을의 통증과 회복을 경험하며 겨울을
보낼 자신감을 얻었다. 그러다 보면 봄도 올 거라는 것도
알고 있다.

요즘 이사를 생각하며 집을 알아보고 있다. 대문을 나서
바로 산책길이 있는 곳을 위주로 탐색 중이다. 생애 처음
앓으며 가을을 맞이한 후 그리고 가을을 지나며 회복한
뒤 하나 깨달은 것은 걸어야 한다는 것. 피트니스 센터
트레드밀 위가 아니라, 태양 아래 바깥공기 속을 내 다리로
한 걸음씩 걸어야 한다는 것. 아무리 바빠도 걸어야
했다. 바쁠수록 걸어야 한다. 바깥을 걸어야 집 안에 있는
시간 동안 건강을 유지할 수 있고, 그래야 내 일에 더욱
집중할 수 있다는 걸 이제는 안다. 지금은 다시 평상시

작고, 더 작은 하루

나는 솔로다. 마지막 애인과 헤어지고 1048일이 지났다. 솔로 기간이 길어지는 이유는 내가 구린
사람이기 때문이다. (헤어진 날짜를 센다는 것 자체가 이미….) 대중목욕탕에서 샤워도 안 하고 탕에
들어간다거나 술값을 안 내려고 신발 끈을 다시 묶지는 않아도, 나라는 인간이 별로라는 증거는
곳곳에 널려 있다. 하루라도 빨리 덜 구려지기 위한 방법을 찾아야 한다.

글·사진 김건태

예전에 썸 타다 끝난 친구한테 그런 얘기를 들었다. "건태야, 너는
지금처럼 살면 나중에 아주 구려질 거 같아." 그건 외모뿐만 아니라 나의
삶 전반에 대한 이야기였다. 흐지부지하게 끝난 관계에 던지는 저주처럼
들려서 그 애가 마녀처럼 보였다. 그리고 그의 예언처럼 시간이 지날수록
다양한 방식으로 구려지는 나를 발견했다.
마녀의 첫째 예언은 몸속에서 일어났다. 언젠가부터 내 장기가 과도하게
가스를 생산하기 시작한 것이다. 아침에 일어나서 뿡, 점심 먹고 뿡,
자기 전에 뿡. 365일 방귀 대장이 된 기분이었다. 한번은 중요한 미팅
자리에서 신호가 왔다. 간신히 똥꼬에 힘을 주며 브리핑을 마쳤다. 질문을
받을 차례가 되어 사람들을 쳐다보는데, 불현듯 배 속에서 닭뼥뼥이
버튼이 눌렸다. 삐오오오오옹. '아뿔싸, 닭의 목을 비틀어도 새벽은
오는구나.' 서라운드로 울리는 배 방귀에 모두가 침묵했다. "하하, 제가
공복이어서…." 헛소리로 상황을 무마하려는 와중에도 장의 샤우팅은
멈추지 않았다. 삐옥-뽁-뽁. 폐결핵에 걸려도 담배를 피우고, 위산이
역류해도 꿸꿸거리며 양치질을 했으며, 간이 썩어 문드러져도 술만은
못 끊는다고 허세를 부리던 나지만, 배 방귀만큼은 참을 수 없었다. 문자
그대로 너무나 구린 몸이 된 것 같았다. (이런 글을 쓰면서 나는 민망해 죽을 것
같다.)
그다음 예언은 성격에서 드러났다. 다정함은 체력에서 나온다고 믿는
편인데, 일상을 살아갈 체력이 고갈된 나머지 짜증만 내는 인간이
되어버린 것이다. 가령 누군가 내 디젤 청바지를 뱅뱅과 혼동했을 때,
허락 없이 내 돈가스를 뺏어 먹었을 때, 노래방에서 내 순서 앞에 우선
예약을 입력했을 때, 나는 머릿속에서 그의 목을 조른다. 그리고 이렇게
윽박지른다. "내 가족은 건드려도 나는 건드리지 말라고!" 배터리 최대
성능이 73퍼센트에 불과한 내 아이폰8처럼 나는 이제 완충이 불가능한
구식 모델이 되어 인류 멸망을 꿈꾸는 것이다.

마지막은 점점 구려지는 감각이었다. 정확히는 해가 지날수록 일터에서 필요 없는 존재가 되어가고 있다는 두려움이었다. 기획을 하고, 인터뷰와 글을 쓰고, 사진과 디자인을 다루는 업무에 자신감이 사라져갔다. 경력이 쌓일수록 숙련되는 장인(기술자)과 다르게 '에디터'라는 직업에는 감각적으로 활약할 수 있는 적정 나이(전성기)가 있다고 여긴다. 기존의 해오던 것을 관성적으로 잘할 수는 있겠으나, 보다 예민한 눈으로 세상을 바라보고 누구도 시도하지 못한 참신한 기획으로 콘텐츠를 만드는 힘은 '젊음' 그 자체에서 나온다고 믿기 때문이다. 그래서 특출한 프로젝트를 보거나 잘나가는 후배 에디터의 이름이 현장에 오르내릴 때마다 '퇴물'이라는 단어를 생각한다. 은퇴하고 감독의 업무를 공부해야 할 나이에도 선수로 뛰고 싶어서 발버둥 치는 건 노욕이 아닐까? 더 잘할 수 있는 후배의 자리를 빼앗은 건 아닐까? 나는 왜 이리도 구릴까? 그냥 죽어버릴까? 그런 생각을 종종 한다. 결론적으로 마녀의 저주는 성공적으로 먹혀들었다. 나는 '일못짜방, 일도 못하면서 자리만 차지하는 짜증 방귀 아저씨'가 됐다. (이런 줄임말을 쓰는 것부터가 문제라는 걸 알지만 멈출 수 없다.)

그렇게 시간이 지나 방귀 대장 아저씨가 그냥저냥 구려진 채 살아갈 무렵, 전 썸녀가 결혼을 한다며 무려 청첩장을 보내왔다. 의도가 뭘까? 진짜 마녀 아니야? 한 가지 안도했던 건 상대 남자가 별로였다는 점이었다. "솔직히 얼굴은 내가 낫지 않나?" 화장실 거울을 보며 삼류 오타쿠나 할 법한 대사를 중얼거리다가 순간 너무 비참해서 눈물이 났다. 한편으로는 이보다 더 구려질 수는 없을 테니 그나마 다행이라는 안도감이 들었다. 바닥을 치면 올라가는 게 인지상정이니까. '복수를 하자, 개 멋있어지자.' 그렇게 마음먹고 구글 캘린더를 만들었다. 불성실한 인간에게 연간 계획은 꿈같은 일이었으므로, 딱 1개월 치의 목표만 세우고 데일리로 해야 할 일들을 세분화했다.

데일리 목표 (주말 제외)

어휘	아침 독서 50페이지, 밑줄 노트 만들어 기록	몸짱	푸시업 100개
		체력	주 2회 수영 강습
기획	출퇴근길 뉴스레터 구독 5개	식단	매일 채소 한 가지 먹기

계획의 핵심은 이거다. '무리하지 않는 선에서'. 거창하게 시작할 것이 아니라 사소한 반복의 힘을 믿기로 했다. 하루가 한 달이 되었을 때 내가 달성해야 할 목표치 역시 놀라울 정도로 소소한 수준이었다.

한 달의 목표

독서	4권	운동	8회(체중 500g 감량)
창작	짧은 글쓰기 2편	음주	8회 미만

이런 반복을 1년째 하고 있다. 사실 내가 엄청나게 달라졌다고 생각하지 않는다. 새로운 애인이 생긴 것도 아니고, 놀라운 기획을 하거나, 방귀가 획기적으로 줄어든 것도 아니다. 치밀하지 않은 계획 안에서도 나태하게 구는 날이 더 많았으니까…. 하지만 매일 캘린더의 체크리스트를 지울 때마다 작은 성취감을 느꼈다. 하루를 알차게 살아낸 느낌이었다. 무엇보다 더 이상 자존감에 대해 생각하지 않는 것만으로도 자존감 지옥에서 벗어났다고 진단한다.

고백컨대 나는 최대한 노력 없이 이루고 싶다. 노력하지 않아도 이룰 수 있는 계획을 세우고, 노력하지 않아서 얻은 결과로 만족하는 삶을 살고 싶다. 그리고 지금 나는 매일 아주 작은 체크리스트를 지우는 것만으로도 충분히 행복한 하루를 살고 있다.

육체와 정신의 관계

글 배순탁—음악평론가·〈배철수의 음악캠프〉 작가

01.

'호수'
—전유동

02. 'The Seventh Season'
— New Trolls

03. 'Fly With The Wind'
— McCoy Tyner

육체가 정신을 지배한다. 당신의 육체 건강을 위해 건배.

1년 전 수술을 했다. 요약하면 건강 검진 결과 신장에서 암으로 전이될 수 있는 게 발견됐고, 이걸 부위째, 정확하게는 좌측 콩팥의 일부를 잘라내는 수술이었다. 연대 세브란스에서 했고, 로봇 수술로 했다. 왜 로봇 수술을 강조하는지 그 이유는 나중에.

전신 마취하고 수술을 했는데, 다행히 종양은 아니었다. 아직도 기억한다. "무통 주사는 비급여인데 신청하시겠습니까?" 당연히 그러겠다고 답했다. 명색이 무통 주사 아닌가. 선택 아닌 필수였다. 수술 후 겪어야 할 고통을 현격히 감소시켜 줄 거라고 여겼다.

이런 이유로 처음엔 별것 아닐 줄 알았다. 뭐, 내시경처럼 자고 일어나면 깔끔하게 끝나 있겠지 싶었다. 무통 주사도 있는데 문제 있겠어 하면서 전신 마취 주사 바늘 들어가는 거를 봤었나? 어쨌든 여러분. 그거 아니다. 무통 주사 이름 바꿔야 한다. 감통 주사든 뭐든 아무튼 바꿔야 한다.

수술이 끝나고 내 복부에는 구멍이 총 다섯 개 뚫려 있었다. "로봇 수술 아니었다면 저 배를 갈라야 했겠지." 따위의 생각은 물론 들지 않았다. 너무 고통스러웠기 때문이다. 나는 현대 의학과 과학을 깊이 신뢰한다. 무통 주사 신청 안 했으면 "이보다 더한 고통이 설마 있을까 싶은데 아이코 여기 있네." 싶은 고통이 나를 맞이했을 게 분명하다. 과장 하나 안 보태고 허리조차 펼 수 없었다. 너무 아픈 나머지 그냥 누워만 있고 싶었다.

의사는 걸어야 빨리 낫는다고 말했다. 힘들더라도 육체를 움직여야 회복 속도가 빨라진다고 거듭 강조했다. 처음엔 좀 화가 났다. 아파 죽겠는데 왜 자꾸 걸으라고 하는지 이해할 수 없었다. 그럼에도, 다 이유가 있겠지 싶어 어떻게든 걸으려고 애썼다. 놀라웠다. 조금씩 걸을수록 몸이 회복되는 게 느껴졌다. 과연, 전문가의 말은 일단 따르고 보는 게 상책이다. 사족이지만 이런 생각도 했다. 앞으로 종교적인 이유로 출산하는 아내의 무통 주사 거부하는 남편이 있다면 이 몸이 직접 가서(이하 생략)….

이제부터는 좀더 실용적인 조언을 하고 싶다. 배를 가르는 수술과 로봇 수술에는
두 가지 차이가 있다. 하나는 좀 전에 말한 인간이 수술 후 감당해야 할 고통의
차이, 또 다른 하나는 바로 수술비다. 내가 알기로 다섯 배 정도 더 든다고 한다.
내가 내야 했던 로봇 수술비는 대략 1,000만 원 선이었다. 인터넷에 로봇 수술
이렇게 치면 다 나온다. 알아두면 나쁠 거 없다.

그리하여 결론은 다음과 같다. 제발, 부디, 다른 건 몰라도 이 다섯 개는 기억하기
바란다. 이것들만 실천해도 여러분 인생, 절반은 성공이다.

1. 건강 안 하면 모든 게 무소용이다. 정신일도 하사불성精神一到 何事不成도
   견실한 육체가 뒷받침되어야 한다는 점을 명심하자. 형식이 실질을
   결정하는 것과 비슷한 이치다. 정신력은 체력의 보호 없이는 구호 밖에
   안돼. 드라마 〈미생〉에 나오는 대사다.
2. 바쁘다는 소리 하지 말고 건강 검진 때가 되면 꼬박꼬박 받아야 한다.
   검진할 만한 금전적 여력이 있다는 것만으로도 나쁘지 않게 산 거다.
   그러니까 시간을 내라. 내려고 하면 또 만들어진다.
3. 보험 잘 들어놓아야 한다. 나중에 효자 돈 된다. 부모 은혜라고는 모르는
   자식보다 이게 백배는 낫고 안전하다.
4. 대개 육체가 정신을 지배한다. 다시 한번 강조하고 싶다. 정신이 육체를
   지배한다는 믿음은 환상에 불과하다. 우울증 걸린 사람에게 가장 필요한
   것이 누군가의 헛된 위로가 아닌, '약 처방'과 '운동'이라는 게 증명한다.
5. 수술을 받은 뒤 운동을 해야겠다 싶어 일주일에 최소 5일, 땀이 줄줄
   흐를 때까지 걷고, 뛰고를 반복한다. 이렇게 운동하면(운동을 하는 독자는
   다 동의하겠지만) 정신까지 맑아진다. 그러니까 마음에 새기자. 정신이
   육체를 지배하는 건 방독면도 안 쓰고 화생방실 덜컥 들어간 최민수 형이나
   가능할 경지다.

다음은 내 육체를 움직여 운동할 때 듣는 곡들이다. 어제도 이 곡들을
플레이하면서 걷고, 뛰었다.

'호수'
전유동

템포를 끌어올려야 한다. 그렇다면 잔잔하게 시작했다가
서서히 고조되는 형식의 곡이 딱 들어맞을 것이다.
이 곡이 그렇다. 전유동은 최근 인디 신에서 가장 주목받는
싱어송라이터다. 일단 작곡을 끝내주게 잘하는데 곡의
'입체성'을 기막히게 구현해 낼 줄 안다. 이 곡 듣고,
진심으로 감동했다. 운동을 할 때든 아니든 꼭 감상해 보길
권한다.

'The Seventh Season'
New Trolls

뉴 트롤스 하면 한국에서는 거의 딱 한 곡으로만 인식되어
있다. 그렇다. 저 유명한 'Concerto Grosso n.1 : 2°
Tempo : Adagio (Shadows)'(1971)다. 참고로 이 곡의
제목은 'Concerto Grosso n.1 : 2°', 즉 콘체르토 그로소
1번 2악장 정도 된다. 뒤에 적힌 아다지오는 곡의 빠르기를
뜻한다. 'Shadows'는 부제다. 한데 한국에서는 그냥
'아다지오'로 통해왔다. 어쨌든 뉴 트롤스의 또 다른 곡인
'The Seventh Season'은 록과 클래식의 결합이라는,
뉴 트롤스의 음악적 지향을 압축해서 들려준다. 적절한
속도로 달리기를 유지하는 데 이만큼 좋은 노래가 없다.
요즘 계속 애용하는 중이다.

'Fly With The Wind'
McCoy Tyner

곡 제목 그대로다. 보통 속도로 달리다가 무릎에 무리가
가지 않는 선에서 이 곡을 들으며 좀더 빠르게 뛴다.
맥코이 타이너는 재즈계의 '찐전설'이다. 저 위대한
존 콜트레인 콰르텟John Coltrane Quartet의 멤버였고,
솔로로도 명곡을 여럿 발표한 피아니스트다. 'Fly With
The Wind'는 20대 시절 나에게 재즈의 멋을 처음 알려준
곡이기도 하다.

[호수] (2023)

[The Seventh Season] (2007)

[Fly With The Wind] (1976)

밤의 달리기

시간은 자정 무렵, 낭떠러지를 향해 가듯 인적이 드문 쪽으로 향하지만,
나의 달리기는 무사히 집에 돌아오는 것이 목적이다.

글·사진 전진우

평평한 기분

달리기라는 게 뭔가. 시시한 이야기라도 해보자면, 그건 스스로 온몸을
움직여서 작동시키는 정지 버튼 같은 게 아닐까, 하고 생각한다. 반복 또
반복. 물론 숨이 턱 끝까지 차곤 하지만, 힘을 최대한 빼고 비슷한 동작을
몇십 분간 해나갈 때 찾아오는 단순하고 평평한 상태. 시작점에서의
분주함은 사라지고 몸도 마음도 거의 멈춘 것처럼 느껴질 때가 있다. 내가
계속해서 앞으로 나아가고 있는데도 말이다. 그 상태는 신비할 정도로
매력적이다. 일단 평평한 상태에 다다르면 그때부터는 무얼 생각해도
특별하게 여겨진다. 고요한 호수에 돌 하나를 던지는 것처럼 그 작은
알맹이에서 비롯된 모든 일들에 집중할 수가 있다. 누군가의 얼굴이
떠오르면 그건 하나같이 깊은 인연 속에 있는 것처럼 느껴지고, 떠오르는
게 어떤 종류의 사건이라면 괜스레 업보나 예언처럼 쉽게 부풀려진다.
평소에 잘 느낄 수 없는 평온함과 증폭들. 삶이 밋밋한가. 아니면
밋밋함을 못 견디는 사람인가. 나는 앞으로 나아가며 눌러지는 그 정지
버튼을 위해 종종 달리곤 한다.
보통은 자정 무렵에 나가 40-50분 정도를 달려 집으로 돌아온다.
그렇게 늦은 시간이면 길 위에는 사람이 거의 없다. 고향을 떠나 혼자
서울에 살게 된 지 10년 남짓이 된 낯선 사람 하나가 도시의 상점
불빛들을 등지고 한강을 향해 달리고 있고, 나는 그게 나라고 믿으며
멀리서 지켜보고 있는 기분을 느낀다. 마포구청을 지나고 저쪽으로
가면 월드컵경기장이 있다는 생각을 하며, 어느새 곳곳에 묻어 있는
서울살이의 기억들을 뛰어서 통과한다. 내가 지금 있는 곳에 관한 담담한
애착과 한편으로 여전히 낯선 세계. 달리는 내 뒷모습에서는 외로움과
단단함이, 거친 숨소리에서는 생기와 몽롱함이 함께 깃들어 있을 것이다.

고양이 다루기

언젠가 한번은 목표로 한 거리를 모두 달렸을 때 결승 지점을 통과하는
마라토너처럼 두 팔을 높이 들어 무언의 세리머니를 한 적이 있었다.
지켜보는 이도 없고 결승 테이프도 물론 없었는데 말이다. 약간의
민망함을 느끼며, 동시에 나는 생각했다. '방금 정말 기뻤는데.'
마음이라는 단어는 왠지 중요해 보여도 어쩌면 무시해야 하는 것일지도
모르겠다고 종종 생각한다. 완주 세리머니를 하며 느낀 좋은 기분이야
만끽해도 문제가 없지만, 그렇지 않은 마음들 이를테면 시기, 우울,
미움 같은 부정적인 마음들 말이다. 내 마음에 관해 한번 생각해 보면,
그건 예측 못 할 변칙성과 무책임함, 순수함을 지닌 한 마리의 들고양이
같다. 내 마음이라는 게 맞을까 싶을 정도로 다루기는커녕 조종만
당하기 일쑤인 것이다. 달리기를 하며 알게 된 것 중 하나는 몸이 마음을
이끈다는 점이다. 마음을 가만히 지켜보면서 이렇게 저렇게 움직이고자
하면 점점 더 커지기만 하는 것 같다. 잡히지도 않는 고양이가 호랑이처럼
변해 버리는 걸 몇 번이나 경험했다. 그런데 일단 밖에 나가서 달리기
시작하면 마음은 점점 작아지고 거의 없어진 것처럼 홀가분할 때가 있다.
아무렴, 하는 기분이 되어서 뜬금없이 승리 세리머니를 하고 말이다.
뛰고 있는 나는 바로 지금처럼, 어떤 상황이든 겪어보고 싶어 하는 내가
된다. 그게 나를 좀 아프게 해도, 거짓이라거나 순간적인 것일지라도
문제없다는 태도가 생기는 것이다. 삶은 그저 체험이라고 믿는 내게는 꼭
필요한 기분이 아닐 수 없다.

함께하기 위해 혼자 뛰기

운동을 하거나 일을 지나치게 해서 몸이 고단해지면, 물론 성취감도
있지만, 본질적인 기분은 막막함이다. 긍정적인 이야기를 한껏
늘어놓다가 하는 이야기라 다소 일관성이 없어 보이겠지만,
이 막막함이야말로 내가 가장 좋아하는 달리기의 일부다. 달리면
달릴수록 나는 정말 나약하구나 하는 생각이 뿌리처럼 깊어진다. 그래도
무언가를 실행했다는 생각은 나뭇잎처럼 피고 흔들리고 툭툭 떨어진다.
서로 너무 다르게 보이는 이 두 기분은 내가 달리기 위해 집에서 나와
다시 집으로 돌아가는 것처럼 사실은 하나다. 막막함과 안전함을 함께
느끼기. 방금 생각난 말이지만, '이게 바로 내가 사는 방식이야.'라고
말해도 좋을 것 같다(물론 다른 것도 있다). 자정 무렵의 분위기, 쓸쓸하게
텅 빈 길, 고단한 몸. 왠지 낭떠러지로 향하는 슬픈 사람의 기분이지만,
나는 다시 집으로 돌아오기 위해 나섰을 뿐이다. 어둠으로 잠시 다녀오는
이유는 뭘까. 시시하지만 한편으로 진지한 것. 나는 눈이 부시는 게 좋고
그러다 불편해질 때 찾아오는 어둠이 또 편안하다.
다음에 같이 뛸까요? 달리기에 관해 이야기 나누다가 누군가 내게 몇 번
물어온 적 있다. 나는 거절의 의미로 장난스레 대답한다. 그럼 각자 뛰고,
출발점에서 다시 (살아서) 만납시다.

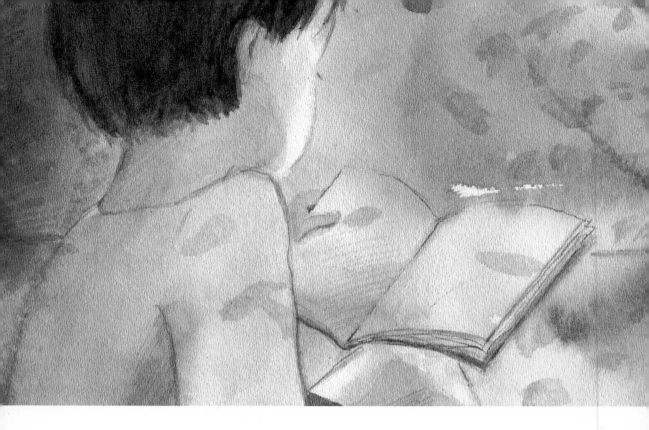

마을 운동회가 열렸다. 화창한 날이 지속되고, 마을에 자그마한 좋은 일이 자꾸
생기던 때였다. 운동회 이야기를 하기 위해서는 마을 이야기를 먼저 해보아야겠다.
옆집 이 씨네 아이 이야기로 시작해 보는 게 좋겠다. 이 씨네 아이는 말이 느렸다.
배우는 속도가 느렸다기보다는 문장 하나를 발화하는 데 오랜 시간이 걸렸다.
또래 아이가 "안녕하세요?"를 1초 남짓 들여 너끈히 발음하는 반면, 이 씨네
아이는 '아'와 'ㄴ' 사이를 혀로 슬슬 만져보며 발음하는 애였고, '안'의 'ㄴ'과
'녕'의 'ㄴ'을 다르게 발음하기 위해 안녕의 의미를 곱씹어 보던 애였다. 그렇게
다섯 음절을 발음하는 데 무려 33초나 걸렸다. 아이는 결코 인지 능력이나 발달이
더딘 것은 아니었다. 소리 내서 읽지만 않으면 책 한 권을 읽는 속도가 웬만한
어른만큼 빠르고, 어려운 말도 곧잘 알아들었다. 유독 발음할 때만 속도가 더딘
것인데 그 누구도 영문을 몰랐다. 이 씨 아이가 다니는 유치원에서는 종종 전화가
왔다. 그때마다 이씨는 "빨리빨리 말할 수 있도록 속도에 신경 써주세요."라는
말을 들어야 했다. 이 씨는 유치원에서 전화가 오는 게 버거웠다. 이 씨 또한 빠른
흐름을 좋아하는 사람은 아니었기 때문이다. 원장 선생님이 "이 속도로는 이
유치원을 다닐 수 없다."고 못 박은 어느 날, 이 씨는 결심했다. 시간이 천천히
흐르는 동네로 이사 가야겠다고.
언제인가 기차 여행을 하다가 '양이'라는 도시를 본 적이 있다. 쉽게 들어갈 수
없는, 간이역의 흔적만 남은 그런 곳인데, 그곳은 시간이 유독 천천히 흐른다고
한다. 누구에게나 똑같이 주어진 시간이 그곳에서만 느리게 가는 것은 아닐 테지만
이 씨는 그 문구가 마음에 들었다. 언젠가는 여행을 가보자 생각하던 곳인데
별안간 그곳으로 이사를 하게 됐다. 이 마을이라면 아이가 안전하게 말할 수 있는
동네일 것 같다는 생각이 들었다. 아이는 양이로 이사 오고 나서도 똑같았다.
여전히 느리게 말했고, 음절과 음절 사이에서 한참을 골몰했다. 제 이름을 말할
때도 성과 이름 사이에 있는 공간을 충분히 살폈고, 이름 뜻을 헤아리면서 성실히

그 의미를 전하려고 했다. 예컨대, '주연'이라는 이름을 말한다면, '두루두루'의
뜻을 지닌 '주'를 발음할 땐 혀로 충분히 입 안을 훑고, 혀와 입천장과 혀 아래와
볼이 어떻게 굽어드는지, 어떤 모양으로 모이고 흩어지는지 탐색하면서 발음하는
식이었다. '예쁘다'는 의미의 '연'을 말할 땐 지금 가장 아름다운 모양은 무엇인지
돌아보고 가장 어여쁜 음성으로 발화하기 위해 목구멍을 훑었다. 그렇게 '주연'을
발음하는 시간은 때로는 12초 남짓, 때로는 52초까지도 걸렸다. 주변이 아름다울
때는 '예쁘다'는 의미의 '연'을 말하는 시간이 아주 조금 빨라졌고, 그렇지 않을
때는 한참을 망설였다. 우리 마을 사람들은 아이 이야기가 궁금했다. 저토록
느리게 발음하여 완성될 이야기가, 아이가 이토록 시간을 들여 하고 싶은 말이.
사람들은 아이의 말을 듣는 걸 즐겼다. 평범하게 들리던 자기 이름이 아이가 말할
땐 특별하게 들렸고, 그저 그렇던 풍경이 아이의 시선에선 사소한 것이 아니게
됐다.
아이와 말하기를 특히 즐긴 건 앞집 영감이었다. 늘 잘 다려진 낡은 티를 입고
근사한 색의 양말을 신는 노인이었다. 같은 면티를 입고 다닌 걸 10년도 넘게 본 것
같다. 영감은 새로 물건을 들이기보다는 가지고 있는 걸 오래 아끼는 편을 택했다.
구멍이 나면 생뚱맞은 색상의 실로 우스꽝스럽게 꿰맸는데, 그걸 잘 다려 입으면
마치 영감만을 위해 만들어진 옷처럼 멋있었다. 영감은 이 씨 아이의 이야기를
오래 들어주고 길게 웃어주는 사람이었다. 영감을 비롯한 우리 마을 사람들은
아이의 말이 끝나기 전까지는 다른 이야기를 꺼내지 않았다. 아이의 말을 끊고
싶지 않은 까닭이다. 아이는 말하는 걸 조금 더 좋아하게 된 것처럼 보였다. 양이로
이사 오고 난 뒤 아이의 가장 큰 변화는 작아서 잘 들리지 않던 목소리가 조금씩
커지고, 발음이 단단하고 정확해졌다는 것이다. 이것이 우리 마을에 생긴 작지만
좋은 일 중 하나다.

일기의 중간

영감은 매일 아침 면티를 다리고, 구멍 난 곳이 없는지 살핀다고 한다. 어떤
티셔츠는 젊었을 적 자신이 만든 거라고 하는데, 그렇다면 50년도 더 된 티셔츠를
입고 다니는 셈이다. 영감은 양치를 하면서 스트레칭을 하고, 호두에 기름칠을
해서 두 알을 쥐어 한 손으로 굴리면서 산책을 나온다. 영감은 이 씨가 이사 온
이후, 그 아이 이야기 듣는 것이 가장 즐겁다고 한다. 영감이 가장 좋아하는
일은 마을 호수를 빙글빙글 산책하는 것인데, 그는 매일 네 시간 이상 걷기를
이어가면서 숨을 고르는 게 즐겁다고 했다. 처음 우리 마을로 왔을 땐 한 바퀴만
돌아도 가쁘던 숨이었는데 리듬을 새겨 산책을 하니 숨이 고르게 잦아들고
걸음도 편해졌다고 한다. 영감은 어느 날부터인가, 아이와 함께 마을을 산책하기
시작했다. 아이는 네 시간 동안 동네를 돌면서 끊임없이 말을 했지만 그 '말'이라고
하는 것은 한 문장이거나 때로는 한 문장이 채 되지 않을 때도 있었다. 요즘은
영감과 아이 뒤를 점박이와 까만 고양이가 따라 걷는다. 우리 마을에 생긴 또 다른
좋은 일이다.
점박이는 양이에 오랫동안 살던 개다. 언제부터 여기 살았는지 잘 모르겠다.
까만 고양이는 어느 날, 이 씨네 가족처럼 갑자기 이 마을에 찾아왔다. 점박이는
이 마을만큼 까만 고양이가 좋았던 모양이다. 영감과 뒷집 양 씨는 고양이
밥그릇을 챙겨주곤 했는데, 그 밥그릇을 가장 먼저 빙빙 도는 건 늘 점박이였다.
점박이는 까만 고양이를 온종일 기다렸다. 그러다 담벼락 뒤로 고양이가 보이면
혀로 제 엉덩이와 턱을 침으로 함빡 닦았다. 꼬리를 360도 돌리면서, 누가 봐도
반가운 기세로 고양이한테 한달음에 달려갔다. 고양이 밥그릇을 살짝 밀어 까만
고양이가 밥을 편하게 먹도록 돕기도 했고, 때로는 입에 사료를 한 알 물고는
이것을 먹으라며 엉큼하게 굴기도 했다. 그럴 때마다 까만 고양이는 아무것도

보이지 않는 것처럼, 점박이가 있는 곳엔 눈길조차 주지 않은 채 제 할 일만
했다. 마을 사람들은 까만 고양이가 혹시 정말로 눈이 안 보이는 건 아닐까
걱정했으나, 밥그릇을 들고 나타나는 양 씨를 향해 정확한 방향으로 걸어가는 걸
보면 시력에 문제는 없는 듯하다. 그러던 그 둘이 어째서 영감과 아이 뒤를 함께
걷게 되었는지는… 순전히 내 추측인데, 아마 점박이가 아이의 신발을 좋아했기
때문이지 싶다.

아이는 항상 새파란 운동화를 신고 다녔다. 우리 마을은 대체로 나뭇잎의
푸른색이나 꽃의 빨강, 주황, 분홍, 노란색이 즐비했고 호수 색도 에메랄드에
가까웠기에 새파란 색을 볼 일이 잘 없다. 물론 어떤 집엔 새파란 색 바가지가
있기도 했지만 점박이가 살림살이 색깔까지 꿰기는 어려운 노릇이었다. 점박이가
여느 때처럼 까만 고양이에게 어떻게 하면 눈길을 받을까 하며 배배 꼬인 스텝을
밟고 있을 때 아이가 우리 마을에 왔다. 점박이는 새까만 고양이 뒤로 겹쳐진
새파란 신발에 한눈에 반했다. '까망'에 겹친 '새파랑'이라니, 눈길이 가지 않을
재간이 없었겠지. 점박이는 매일, 까만 고양이에게로 갈 것인가 새파란 운동화를
쫓아갈 것인가 고민했다. 항상 까만 고양이가 나타나는 길목에만 어물쩍대던
점박이는 아이가 온 날부터는 반나절은 까만 고양이를 쫓아, 나머지 반나절은
아이를 쫓아 걸었다. 아이는 영감과 친해지면서 자연스럽게 산책을 많이 하게
됐고, 아이의 새파란 운동화를 쫓아 걷던 점박이도 자연스럽게 그렇게 됐다.
움직임이라곤 까만 고양이를 쫓아다니는 것밖에, 그마저도 몇 걸음 걷다 힘들어서
헉헉대던 녀석이 마을을 한 바퀴, 두 바퀴, 세 바퀴… 끝도 없이 걷게 된 것이다.
이 씩씩한 행진이 우리 마을에 생긴 작고 귀여운 좋은 일 중 하나다.

영감과 아이와 점박이가 나란히 산책을 하면서부터 점박이에게 재미있는 일들이 생겼다. 먼저, 녀석의 털의 윤기가 달라졌다. 칙칙하고 푸석하던 털이 밤하늘 은하수처럼 반짝이고 그 작은 몸에 잔근육이라는 게 붙어 딴딴해진 것이다. 작년 여름엔가, 나는 감기 비슷한 것에 걸려 며칠째 마당조차도 나가지 못한 적이 있었다. 따뜻한 호박죽을 다섯 그릇쯤 먹었을 때야 겨우 회복하고 마당에 나가게 됐는데, 그때 산책하는 영감과 이 씨 아이와 점박이를 만났다. 처음엔 점박이를 알아보지 못했다. 다른 강아지인 줄 알았다. 저 점박이가 내가 알던 굼뜬 강아지가 맞나, 까만 고양이 말곤 아무것에도 관심이 없던 우리 동네 개가 맞나 싶었다. 점박이는 고작 며칠 만에 훨씬 더 아름다운 개가 됐다. 꼬리를 곡선으로 굴리며 200도 정도 둥글게 돌릴 줄 아는, 절제된 움직임과 정확한 걸음을 유지하는, 눈을 감고, 또 뜨고 걸을 줄 아는, 몇 시간이고 같은 속도로 발맞추어 걸으며 이 씨네 아이 목소리에 귀를 기울이기까지 하는(실제로 귀가 그쪽을 향해 움직였다.) 그런 강아지가 되어 있었다. 그때부터 까만 고양이 눈에도 점박이가 보이기 시작한 것 같다.

어느 아침, 무른 감을 따러 마당에 나간 날이었다. 여느 때처럼 산책하는 영감이 보였다. 그의 면티에 생긴 작은 구멍이 눈에 띄어 그걸 메울 실을 선물해야겠다고 생각하는데 그 뒤를 따라 걷는 이 씨네 아이 목소리가 들렸다. 우리 집 담장을 넘어 들릴 정도로 목소리가 커져 있었다. 아이가 눈동자를 저 위에 두고 입 모양을 천천히 만들어 가는 것이 보였다. 그것은 한참 말씨를 궁글리는 아이의 모습이었다. 아이 뒤에는 당연한 듯 점박이가 따르고 있었다. 한층 더 늠름해진 것 같다. 그리고 그 뒤엔 유독 눈이 반짝거리는 듯한 까만 고양이가, 꽤 우아한 자세로 꼬리를 바짝 세우고 한들한들 흔들며 뒤따르고 있었다.

우리 동네 사람들은 이 귀여운 산책을 지켜보는 걸 좋아했다. 그러던 어느 날, 하교하던 아이들 몇이 재미 삼아 그 뒤를 따라붙었다. 그 뒤를 아이들의 보호자가 따랐고, (산책길에 함께하려고 온 것인지 확실하진 않지만) 새들도 몇 마리 나란히 걸었다. 어린 시절에 읽은 《커다란 순무》 이야기 속 한 장면 같았다. 커다란 무가 뽑히지 않아 할아버지가, 그 뒤를 할머니가, 그 뒤를 손녀가, 그 뒤를 멍멍이가, 그 뒤를 야옹이가, 그 뒤를 찍찍이가 끌어안고 당기는 내용 말이다. 나는 마당에 나와 그 모습을 보면서 문득 깨달았다. 아, 이제 마을 운동회를 열어도 되겠구나. 마침 시행착오를 겪던 사탕수수 빨대도 꽤 괜찮게 완성된 참이다.

나는 운동회를 하는 동안 서른여섯 종의 과일을 으깨 백 잔 넘는 주스를 만들었다. 시험 삼아 사탕수수 빨대도 꽂아서 건넸다. 마을 사람들 목구멍을 타고 지나가는 과즙의 소리를 들으며 이 시간이 내게 찾아온 작고 귀엽고 좋은 일임을 알았다. 운동회는 기분 좋게 끝이 났고 우리는 2회를 약속했다. 오늘 아침엔 이 씨네 아이가 우리 집에 찾아왔다. "홍시 주스 두 개 주세요. 할아버지랑 산책할 때 마실 거예요." 아이가 문장을 이어가는 데는 4분 36초의 시간이 걸렸다. 음절과 음절 사이에 잘 익은 미소를 빙긋빙긋 담느라 좀더 찬찬한 듯했고 덩달아 나까지 기분이 좋아졌다. 나는 마당에서 주워놓은 감 바구니로 걸음을 옮긴다. 아이에게는 연두색 땡땡이 빨대를, 영감에겐 푸른색 빨대를 꽂아줄 것이다. 아, 우리 마을 운동회를 기록하려고 시작한 일기인데 작고 귀엽고 좋은 일들을 적고 나니 금세 일기장이 꽉 찼다. 게다가 나이가 들어서인지 눈이 자꾸 침침해진다. 글자가 잘 보이지 않는다. 운동회 이야기는 내일 이어서 쓰는 것이 좋겠다.

건강에 대한 이야기는 어제나 모두 거짓뿐인가?

글 그림 한승재 무하하프로렌즈

건강에 대한 거짓말들

나는 말이나 글에서 나이가 드러나는 것을 경계하는 편인데, 이야기에서 나이가 드러나는 순간, 이야기는 이미 지난 세계의 것으로 보이기 때문이다. 예전엔 어쨌는데 요즘은 어떻게 변했다는 식의 이야기. 그런 이야기는 언제라도 술술 할 수 있으며, 더 많은 이야기를 불러오기에도 좋다. 하지만 그런 식의 이야기를 하자면 한발 물러나 한쪽에 서 있는 느낌을 지울 수가 없다. 왜인지 모르겠지만 그렇게 한발 물러나 이야기를 늘 싫었다. 나이가 들어서 몸이 쑤시네, 이제는 관리해야 할 나이네 하는 이야기를. 특히 건강 이야기를 하며 이제는 예전 같지 않다며 자신을 내리막길에 들어선 사람처럼 말하면 나는 '나도 곧 저렇게 되는 거 아니야?' 생각하면서 마음의 준비를 하게 되니까 엉덩이 밑에 내리막길로 몰려 내려가는 기분이 되었다. 그런 이야기를 놀랍게도 아주 어릴 때부터 주변에서 들려왔다. 스무 살 무렵에 클럽에 놀러 갔다가 알게 된 누나는 자긴 이제 스물다섯 살이라고 하셨다. '우앗, 이 누나는 스물다섯 살이라니!' 나는 속으로 놀라면서 스물다섯 살은 클럽에서 새벽을 넘기지 못하는구나 생각했다. 나하고 종종 농구하던 친구도 서른 무렵이 되어 이제 우리 나이엔 무릎을 조심해야 한다며 설렁설렁 뛰기 시작했다. 그러다가도 중요한 순간에는 공을 잡고 팔딱팔딱 뛰어다녔기에 그런 모습이 그에게는 몇 번 남지 않은 필살기를 사용하는 것처럼 보였고, 설렁설렁 뛰다가 빠르게 뛰는 건 어쩐지 더 빨라 보였다.

젊은이들의 나이 엄살은 그리 오래 지나지 않아 거짓으로 밝혀졌는데, 아까운 것은 그것이 거짓임을 알기까지의 보석 같은 시간들이었다. 그때 클럽에서 만난 그 누나, 반짝 털 스웨터를 입고 주변 사람들에게 탈을 물을 문했던 그 누나 때문에 나는 젊음의 유통기한을 스물다섯 살로 설정해 두었다. 스물다섯에 클럽에 가면서 '이제 곧이구나.' 생각했고, 서른 무렵에 클럽에

가면서는 '이 나이에 클럽을…'이라는 반성이 쉽게 나왔다. 그러나 가장 최근 춤추러 간 건, 그때로부터 십 년 더 지난 올해 여름이었다. 친구 두 명이 파티에서 새벽까지 춤을 추고 세드세드 오랫동안 전 후에 개운하게 일어났다. 이제 무릎을 조심해야 한다는 친구의 말은 어느 정도 귀담아들어야 할 말이었지만 굳이 농구 하면서까지 걱정할 일은 아니었다. 그 친구 조언 때문에 나는 스스로를 은퇴를 앞둔 농구 선수처럼 여기게 되었고 조금씩 천천히 뛰기 시작했다. 그러나 당시에도 나이까지도 뛰고 있는 프로 농구 스타 르브론 제임스가 마흔을 앞둔 지금 나이까지도 뛰고 있는 모습을 우연히 티브이에서 보게 되었고, '아니 그렇게 걱정할 일은 아니었잖아?' 하며 속은 기분이 들었다. 난 그가 전주에 은퇴한 줄 알았는데, 은퇴는커녕 아직도 전성기에 가까운 기량을 뽐내고 있었다. 그가 뛰고 있는 그곳은 동네 농구 코트도 아니고 NBA인데…

그리고 언젠가부터 나이와 건강에 대한 새로운 거짓말이 보이기 시작했다. 그것은 정말로 나이 많은 사람들이 펼치는 건강에 대한 이야기인데, '에구 에구, 나 죽네.' 라고 엄살 부리던 어린 사람들과는 반대로 진짜로 나이가 많은 사람들은 건강을 과시하는 것을 얻게 되었다. 나는 머리가 새하얗지만 아직 이렇게 정정하다고 이야기하는 사람들, 물어보지도 않았는데 자신의 건강 비결을 이야기하는 사람들이 많다는 것을 알게 되었다. 최근 사무실과 집 이전으로 부동산 찾을 일이 많았는데, 그곳에서 만나는 건물주들이 모두 비슷한 말을 한 게 신기했다. 그들은 실제로 나이보다 젊고 건강해 보이는 분들이었다. 나이는 많지만 눈이 흐리멍덩하지 않고 힘이 있었다. 허리가 굳어서 위축되어 보이지 않고 자신감이 가득 차 보였다. 그들이 건강 관리를 잘한 것인지, 건물이 그들의 허리를 곧게 세우게 해준 것인지 잘 모르겠으나 그들은 대체로

세월의 풍파를 잘 견뎌낸 것으로 보였다. 그러나 그들이 묻지도 않은 건강 이야기를 하는 순간, 매끈한 허물이 벗어지고 드러나 보였다. 그들의 거짓말은 늙은 사람이 드러나는 것이었다. 애구 애구 힘들다 말하지 않고 나는 건강하다 자부하는데도 나는 세계로부터 한발 물러나 있는 것처럼 느껴졌다. 건강을 걱정하거나 건강을 과신하거나, 어쨌든 흐르는 시간에 대해 지나치게 의식하는 태도는 사람을 슬퍼 보이게 한다. 이 세계에서 한발 물러나 떨어진 듯 하는 사람으로 보이게 한다.

누나가 결혼하고 떠난 후, 부모님과 함께 남겨진 집에는 노년의 기운이 차오르고 있었다. 부모님의 대화가 모두 건강에 대한 것으로 바뀌어 버린 시기가 있었다. 나는 그 원인이 아마도 티브이 프로그램일 것으로 추정하나 정확한 근거는 없다. 부모님은 이제는 관리가 중요한 나이라거나, 이제는 걸 가려 먹어야 한다는 둥의 이야기를 매일 시작했다. 아침에 일어나서 해야 하는 움직임과 먹어야 할 것 등 이른 아침의 패턴을 매일 반복하곤 했다. 별것 아닌 효능을 가진 음식을 신중하게 섭취하며, 먹을 때마다 다시 한번 그 효능에 대해 일러주곤 했다. 명절날 오랜만에 모인 친척 어른들의 좋은 건강 이야기만 나누는 모습을 보며, 난 그것이 티브이 프로그램의 영향일 것이라고 다시 한번 확신했다. 일 년에 한두 번 만나는 사람들이 모두 같은 주제에 관심을 가질 리가 없다고 생각했다. 그러나 난 기본적으로 거의 모든 문제를 대중문화의 탓으로 돌리는 편이니까, 어쩌면 그것은 노년을 앞둔 사람들의 공통적인 두려움이었는지도 모르겠다. 아무튼 그 모습을 지켜보는 나는 괴로웠다. 우리 집은 명절마다 차례를 지내는 첫째 아들의 집이었다. 어릴 때는 누나도 누나를 친척 동생들도 바글거렸지만 더 이상 젊거나 어린 사람은 그곳에 없었다. 각자 직업을 갖고 각자 가정을 꾸리면서 그 자리에 참석하지 않아도 되는

구실을 착실히 만들었지만, 변함없이 그 집에 살고 있는 나는 그 시간을 피할 구실이 없었다. 명절엔 어차피 볼 친구도 없었고, 명절에 할 일이 있다고 핑계를 대며 자리를 피하려 해봤지만, 부모님은 아침 일찍 차례 지내고 불을 보라고 했다. 맞는 말이었다. 지금 되돌아보면 그때는 겨우 부모님 60세 무렵 되던 때의 일로, 요즘의 60세를 생각해 보면 다들 너무 큰 걱정에 시달렸다는 생각을 한다. 요즘은 60살은 젊은도 섫어 덕을 나이라고 하던데…. 그러나 더 큰 문제는 그 걱정에 대한 조기구이 앞에서 건강에 걱정을 듣는 건

흡사 가락앉은 배에 함께 올라타 있는 기분이었고, 나 혼자라도 이곳을 당장 떠나야 할 것 같은 기분을 느꼈다. 그 자리는 내가 정말 두려워하는, 이 세계로부터 한발 물러선 자리였다. 당시엔 어른들의 삶이 이제 남은 평생을 걱정과 두려움으로 가득 채울 것으로 생각하고 담담했던 것이다. 그러나 부모님은 오히려 이전보다 더 젊은 삶을 한때였다는 것을 요즘에 와서야 알게 되었다. 요즘의 부모님은 놀러 다니기에 바쁘다. 실제로 노년에 접어들어서 노년에 대한 두려움이 없어진 걸까? 아니면 익숙해진 걸까? 부모님과 떨어져 살아 하루하루를 들여다볼 수는 없지만 두 분이 여행하며 그렇게 보여야 자식들이 걱정하지 않는다는 지혜가 생겨버린 많이 하지 않는다. 자식들에게 그렇게 보여야 자식들이 걱정하지 않는다는 지혜가 생겨버린 것은 아닐까 생각도 해보지만. 그렇다면 이것은 건강에 대한 또 다른 거짓말인지도 모르겠다. 하지만 그것이 거짓말이라고 해도 나는 명랑하게 속고 싶다. 나뿐 아니라 부모님 스스로도, 즐거움이라는 연극에 속아 모두가 나이를 잊고 살았으면 좋겠다.

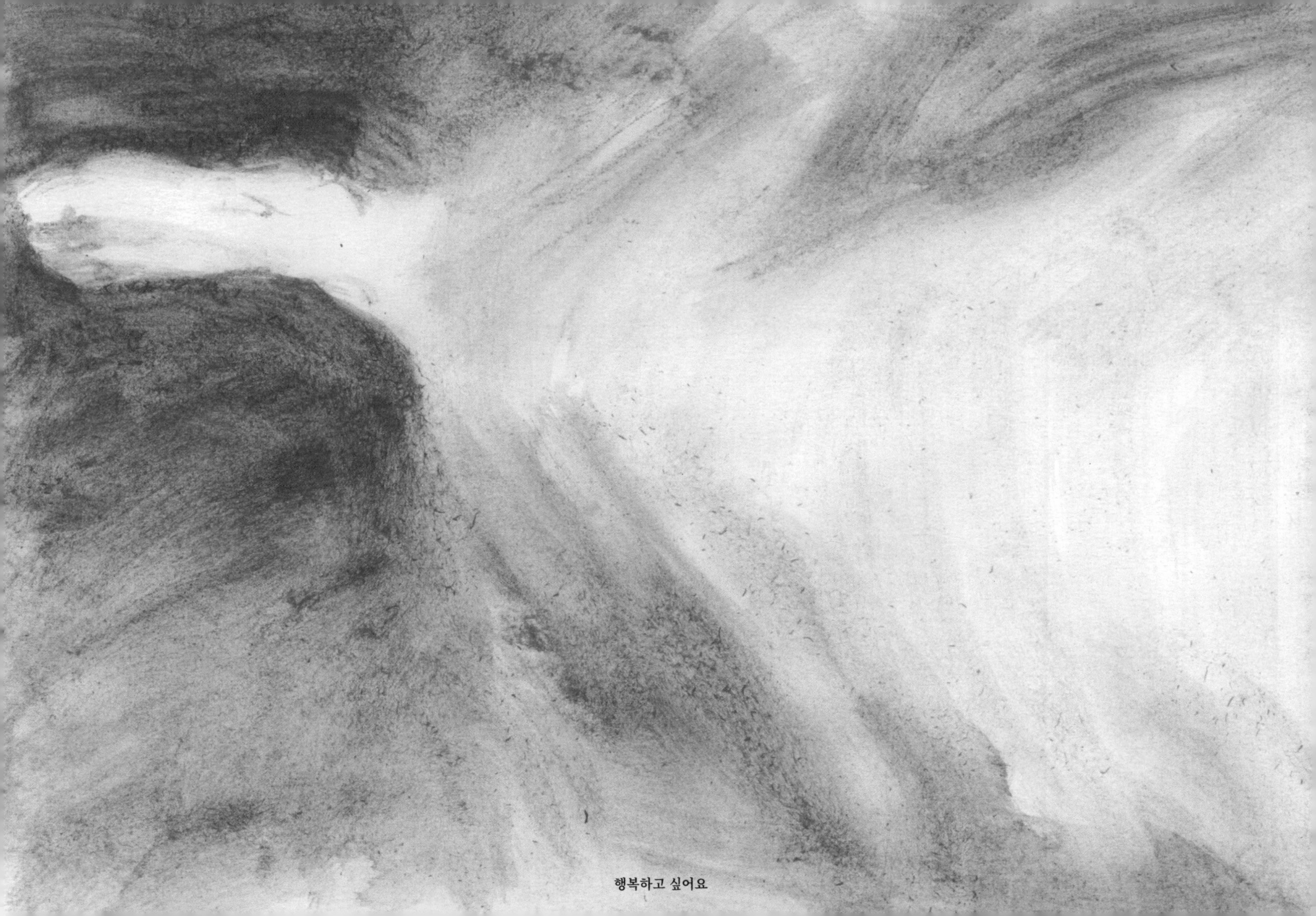

행복하고 싶어요

가벼운 발걸음

글 한수희
일러스트 서수연

내가 아무것도 아니라고 느낄 때 오히려 홀가분해지는 그런 기분을,
혹시 느껴본 적이 있으신지?

얼마 전부터 무릎이 아프기 시작했다. 새삼스럽지도 않다. 원래는 허리가 아팠고, 허리가 어느 정도 나으니 어깨가 아팠다. 어깨가 좀 괜찮아지니 이제는 무릎이 아픈 것이다. 내 관절들은 전쟁터의 불타는 다리처럼 하나하나 무너지고 있다.

하긴, 관절만 문제인 것이 아니다. 고등학교에 다닐 때만 해도 2.0의 시력이었는데, 눈은 날이 갈수록 침침해져서 안경 없이는 TV도 보지 못한다. 듣도 보도 못한 비문증이라는 것도 생겼다. 한쪽 시야에서 언제나 날파리 한 마리가 날아다니는 질환이다.

40대에게 운동은 아무리 열심히 해봤자 현상 유지에 불과하다는데, 여기서 더 나빠지지 않으려면 뭐라도 해야 한다. 개운치 못한 몸은 마음에도 영향을 미친다. 그나마 지금은 그럭저럭 살고 있지만 더 늙으면 어떻게 되려나?

연락이 끊겼고, 작은아이는 결혼해 근처에 살지만 가끔 의무적으로 얼굴을 비추며 돈 빌려달라는 소리만 한다. 평생 혼자 살아본 적이 없는 할머니는 이 독거 생활을 어떻게 견뎌내야 할지 모르겠다.

그래서 모모코는 짬이 날 때마다 지질 시대를 외운다. 선캄브리아대, 고생대와 중생대, 신생대. 캄브리아기, 오르도비스기, 실루리아기, 데본기, 석탄기, 페름기. 치매에 걸릴까 무서워서다. 책 속의 고대 생물들을 열심히 따라 그리기도 한다. 도서관에서 자원봉사를 하는 할머니는 이런저런 취미 활동 모임들을 권하지만, 모모코는 언제나 거절한다.

혼자 있지만 모모코는 혼자가 아니다. 모모코는 세 어릿광대의 모습으로 나타난 자기 자신과 끝없이 이야기를 하고, 때로는 그들과 춤을 추기도 한다. 간혹

노년의 가장 큰 고통은 내 마음 같지 않은 몸일 것이다. 불행한 나의 미래를 떠올리며 나는 아침마다 한숨을 쉬며 체조를 하고, 저녁이면 운동장의 트랙을 달린다.

영화 〈나는 나대로 혼자서 간다〉(2020)의 주인공은 외로운 독거노인, 모모코 할머니다. 할머니는 매일 혼자 일어나고 혼자 밥을 차려 먹고 혼자 TV를 보다가 혼자 잠이 든다. 가끔 병원에서 하루 종일 기다려 약을 타고, 도서관에서 공룡 도감이라든가 고대 생물 도감 같은 걸 빌려 오는 것이 유일한 사회 활동이다.

얼굴도 모르는 남자와 결혼하기 직전 시골집을 뛰쳐나온 모모코는 도시의 식당에서 웨이트리스로 일을 하다가 동향 출신의 슈조를 만났다. 그와 결혼해 아이 둘을 낳고 행복하게 살았다. 이제 남편은 죽었고, 큰아이는

오래 전에 돌아가신 할머니가 나타나기도 한다. 어린 시절 할머니한테 못되게 군 것을 후회하며 모모코는 운다.

"할머니 손녀는 이렇게 혼자 쓸쓸히 집에 있으면서 노을 진 하늘이나 바라보고 있다우. 이렇게 돼버렸어요. 미안해요, 할머니. 이래도 괜찮아요? 이래도 괜찮은 거예요?"

할머니는 다만 웃으면서 할머니가 된 손녀의 등을 토닥일 뿐이다.

"다 그런 거란다."

멸종한 공룡처럼, 매머드처럼, 모모코 할머니는 서서히 소멸해 간다. 외로워서, 외로워서 죽을 지경이지만, 누구도 이 외로움을 달래줄 수 없다는 것을 할머니는 잔인할 정도로 잘 안다. 아무도 없는 눈 쌓인 벌판에 자기 몸 하나 집어넣을 구멍을 뚫고 그 안에 들어가 앉아 있는 사람처럼

할머니는 외롭고, 또 외롭기로 작정했다. 외로운 것을 받아들이기로, 누구에게도 외로움을 달래주기를 바라지 않기로 다짐했다.

영화를 보다가 오래전에 읽은 한 소설이 떠올랐다. 노르웨이에서 온 《빨리 걸을수록 나는 더 작아진다》라는 소설의 주인공 역시 남편을 떠나보내고 홀로 외롭게 살아가는 할머니다. 남편 엡실론이 죽은 후 그렇지 않아도 소심하고 내성적인 마테아는 점점 더 고립된다.

나는 부엌 창문을 통해
맞은편에 자리한 아파트 건물을 바라보았다.
엡실론과 내가 존재하는지조차 까맣게 모른 채
저곳에서 각자의 삶을 살고 있는 사람들을 생각하니
기분이 이상했다. 도대체 이웃은 왜 있는 것일까.
그들은 바쁜 척 집 안 여기저기를 돌아다니며
마치 영원히 살 것처럼 행동하고 있다.
하지만 그들도 언젠가는 죽는다.
슈퍼마켓의 점원들도 죽을 것이고,
보행기 노인은 벌써 죽었을지도 모른다.
— 셰르스티 안네스다테르 스콤스볼,
《빨리 걸을수록 나는 더 작아진다》 중에서

어릴 때부터 극도로 수줍음이 많고 괴팍한데다 친구가 없던 마테아에게 유일하게 친구가 되어준 남자가 바로 엡실론이었다. 학교를 졸업하고 엡실론과 결혼한 마테아는 임신을 하지만 곧 유산을 하고 만다. 그리고 엡실론은 이웃집 여자와 오랫동안 바람을 피운다. 엡실론이 죽고 난 뒤 회사 동료가 가져다준 짐 속에는 마테아가 매일 아침

가방 속에 넣어주었던 편지들이 뜯지도 않은 채 가득하다. 마테아는 사랑받고 싶다. 누군가의 관심을 받고 싶다. 자기가 여기 있다고 알리고 싶다. 하지만 마테아는 좀처럼 타인에게 다가서지 못한다. 결국 그가 죽어도 아무도 모를 테고, 누구도 그를 기억하지 않을 것이다. 마테아는 외롭고 또 외롭다.

오늘은 좋은 일이 단 하나도 없었다.
정말 최악의 날이야, 마테아, 그러니 앞으로
남은 날이 얼마 없다는 게 정말 기쁜 일이지.
"인내심을 가지고 살아온 자여,
이제 평화로이 쉴지어다."
나는 혼잣말로 중얼거리다가 문득 전화기의
뚜뚜 하는 소리를 떠올렸다. 왜 우리는
자연과 삶에 항상 낙천적인 생각을 가져야만
하는가. 왜 우리는 지금 당장 자리에
드러누워 죽으면 안 되는가.
—《빨리 걸을수록 나는 더 작아진다》 중에서

외로운 10대나 외로운 20대의 마음에 대해서는 잘 알고 있다. 외로운 중년의 마음이 어떤지도 점점 알아가고 있다. 하지만 외로운 노년의 마음에 대해서는, 잘 알지 못한다. 내가 아는 사람 중 가장 오래 산 노인인 우리 외할머니는 90세가 넘어 돌아가셨다. 외할머니의 노년과 말년은 외로움의 결정체였다. 한밤중 불 꺼진 방에서 커다란 벌레처럼 등을 둥글게 만 할머니는 벽에 기대 티브이만 보고 또 봤다. 언젠가 할머니가 나한테 그렇게 말한 적이 있다. "죽고 싶은데, 죽어지지가 않는다." 할머니는 노인 우울증이었다.

지금 돌이켜 보면, 노인 우울증이라는 말은 참으로 잔인한 것 같다. 병원에 갔더라면 분명 노인 우울증을 완화하는 약을 처방해 주었을 것이다. 할머니 마음에 뚫린 구멍은, 할머니의 지독한 외로움은 수많은 노인들이 겪는 비슷한 질환 중의 하나로 치부되었을 것이다. 평생을 간직해 온 할머니의 개인적인 상처와 회한은 떨치고 나가야 할 과거의 기억일 뿐이었을 것이다. 그런 것을 생각하면 더 외로워진다.

외할머니의 우울증 유전자는 나의 피를 타고 흐른다. 나도 할머니처럼 외롭고 우울한 노인이 될까 두렵다. 어쩌면 우리 할머니의 할머니의 할머니의 할머니도, 아주 먼 옛날, 들판에서 창을 던져 매머드를 때려잡던 선사 시대에도 우리의 할머니는 우울했던 것이 아닐까. 어느 밤 동굴 속에서 모닥불을 피우고 등을 둥글게 말고 앉은 채 죽고 싶은데 죽어지지가 않는 인생에 대해서 고뇌하지 않았을까. 죽을 용기는 없고, 살 희망도 없는 인생에 대해서 곱씹고 또 곱씹지 않았을까. 나의 인생에 대체 무슨 의미가 있는지에 대해 골똘히 생각하다가 문득 공포에 사로잡히지 않았을까.

우리 외할머니도, 모모코 할머니도, 마테아 할머니도 이전까지는 굳이 자신의 삶에 질문을 던질 필요가 없었다. 할머니들의 삶에는 언제나 돌봐야 할 누군가가 있었으니까. 할머니들에게도 해야 할 일이, 해결해야 할 과제가, 맞서야 할 하루하루가 있었다. 탄탄한 몸과 매끈한 피부와 매일 아침 새로 채워지는 활력이 있었다. 그러나 이제는 없다. 할머니에게는 아무것도 없다. 건강도, 사랑도 없다. 의무도, 책임도 없다. 누구도 나를 필요로 하지 않는다. 누구도 나를 필요로 하지 않는 삶이란 존재 가치가 없어진 삶이다. 이 허무를 어찌 하면 좋단 말인가.

모모코 할머니가 여느 날처럼 병원 진찰실로 들어갔을 때, 할머니를 기다리고 있는 사람은 의사가 아니라 할머니의 상상 속, 매머드를 때려잡던 원시인이다. 원시인은 할머니의 얼굴을 경이로운 표정으로 만져본다. 그는 원시인의 말로 할머니에게 이런 이야기를 들려준다. "당신은 굉장해, 정말 굉장하군. 살고, 죽고, 살고, 죽고, 머리가 아득해질 정도로 긴 시간을 잇고 이어서 당신이 지금 여기에 있어. 기적과도 같은 목숨이야." 늘 약이나 타 가라고 하던 무심한 의사에게서 할머니가 듣고 싶었던 말은 어쩌면 이런 것이었는지도 모른다. 당신은 굉장해. 기적과도 같은 목숨이야. 당신은 정말 굉장해. 모모코는 그에게 이렇게 묻는다. "나는 제대로 살아온 걸까?" 모모코의 질문에 원시인은 그저 눈물을 흘리며 경이로운 표정으로 그녀를 바라볼 뿐이다.

하지만 자연은 종의 보존에만 관심이 있지
각각의 개체에는 관심이 없다.
더 정확히 말하자면 자연은 오히려 각각의 개체가
얼른 죽어나가기만을 바랄 뿐이다.
그래야 세대교체가 더 빨리 이루어질 테고,
세대교체가 더 빨리 이루어져야 종의 진화도
신속히 이루어질 테니까.
그리고 종의 진화가 신속히 이루어져야
존재를 위한 생존 경쟁에서도
우선권을 얻을 수 있을 테니까.
— 《빨리 걸을수록 나는 더 작아진다》 중에서

잔인하게 들리는 마테아 할머니의 이 생각은 오히려 모모코 할머니에게는 구원이 된다. 내 삶에 별 의미가 없다는 것을 깨닫는 순간, 나는 수많은 삶과 연결된다. 선사 시대부터 이어져 내려온, 살고 죽고 살고 죽고 머리가 아득해질 정도로 긴 시간을 잇고 이은 그 수많은 삶들이 나를 이 자리까지 오게 한 것이다. 그렇게 할머니는 삶의 진실을 깨닫는다. 자신은 거대한 흐름의 일부일 뿐이라는 것. 그 일부로서 내 삶은 소중하고, 나는 그 일부로서의 소명을 다했다는 것. 이 지구상에 태어난 모든 인간의 삶은 그렇게 소중한 동시에 또 털끝만큼의 가치도 없다는 것. 모모코는 다짐한다. 나는 나대로 혼자서 가겠다고. 그래서 모모코는 뭐든 한번 해보기로 한다. 도서관의 할머니가 권하는 탁구도 해보기로 한다. 도서관을 나서는 모모코 뒤로 거대한 매머드 한 마리가 따라 걷는다. 할머니의 발걸음은 그 어느 때보다 가볍다. 털끝처럼 가볍다.

오늘 아침, 베를린 필하모닉이 연주하는 베토벤의 '합창' 교향곡 영상을 봤다. 넓은 야외 공연장의 객석에서 티셔츠를 입고 야구 모자를 쓴 시민들이 '합창' 교향곡의 그 유명한 멜로디를 흥얼거리며 감격에 겨워하고 있었다. 문득 200년 전에 살다 간 한 천재가 만든 곡을 200년 후의 오케스트라가 연주하고, 합창단이 부르고, 200년 후의 사람들은 여전히 그 아름다움에 감동을 받는다는 사실이 경이로웠다. 진정한 아름다움은 '합창' 교향곡의 멜로디만이 아니라, 우리가 여기, 이렇게, 오랜 시간을 잇고 이어서, 함께 있다는, 잠시라도 마음을 합칠 수 있었다는 것이 아닐까. 그러니 생명은 얼마나 아름다운 것인가, 하고 문득 생각했다. 이번 생에 내가 그 흐름의 일부가 될 수 있다는 것에 감사했다.

Book—《빨리 걸을수록 나는 작아진다》 헤르스티 안네스다테르 스쾰스볼 | 시공사

Movie—오가타 슈이치 《나는 나대로 혼자서 간다》(2020)

1.

2.

3.

4.

5.

6.

1. 끝내주는 인생 | 이슬아 | 디플롯

작가 이슬아가 새로운 산문집으로 돌아왔다. 2018년 연재
프로젝트 '일간 이슬아'를 통해 자신의 세계를 펼쳐 보이기 시작한
이슬아 작가는, 이제 '끝내주는 인생'을 이야기한다. 삶은 기쁨인지
슬픔인지 알 수 없지만, 살고 싶은 마음은 사라지지 않는다는 말과
함께. 지난달 이슬아 작가와 가족이 된 아티스트 이훤이 사진으로
함께 했다.

2. 나의 첫 번째 농구책 | 양희연 | 노사이드랩

여자농구 국가대표 출신 코치 양희연의 농구 교본. 현재 돌핀즈
농구단의 코치다. 이 책은 농구를 처음 시작하는 사람과 농구를
가르치는 사람 모두를 위한다. 실력의 토대는 기초라는 점을
알리며, 경기 규칙부터 기본 동작까지 자세히 소개한다. 기본
동작은 QR코드를 통해 영상으로도 살펴볼 수 있어 가까운 농구
코트에서 따라 하기 좋다.

3. 마녀체력 | 이영미 | 남해의봄날

사무실에 앉아 지내던 저질 체력 출판 편집자가 철인 3종 경기를
완주했다. 하루아침에 일어난 변화는 아니었다. 30대에 고혈압을
진단받고, 운동과 함께 하는 삶을 조금씩 시작한 것이다. 그
과정에서 편집자 이영미는 삶을 바꾼 뜨거움을 만났다. 운동만이
주는 희열은 그가 살아 있음을 느끼게 하고, 마음을 어루만졌다.

4. 〈실버라이닝 플레이북〉(2013)
| 데이비드 O. 러셀 | 코미디, 로맨스

한 남자가 커다란 비닐봉지를 입고 주택가에서 달린다. 아내의
불륜남을 폭행하고 정신 치료를 받은 팻. 그에게 한 여자, 티파니가
다가선다. 두 사람은 각각 아내와의 재결합, 팻과의 사랑이라는
서로 다른 목적을 갖고 댄스 파트너로 경연에 참여한다. 그들이
춤을 추며 마주한 건 실버라이닝Silver Lining. 구름의 흰 가장자리,
한줄기 빛나는 희망이었다.

5. 〈족구왕〉(2014) | 우문기 | 드라마, 코미디

복학생 만섭은 전역 후 대학교 족구장부터 찾지만, 추억의 장소는
사라진 지 오래다. 족구에 대한 열정으로 가득한 그는 총장에게
구장 신설까지 제의하기에 이른다. 그의 엉뚱함에 마음이 끌린
걸까. 캠퍼스 퀸 안나가 그에게 관심을 보인다. 동시에 전직
국가대표 축구선수 강민의 견제도 시작됐다. 안나와 강민의 차를
걸고, 만섭은 강민과 족구로 결판을 내기로 한다.

6. 〈치어: 승리를 위하여〉(2020) | 그렉 화이틀리 | 다큐멘터리

미국 최고의 대학 치어리딩 팀 나바로Navaro가 1년에 딱 한 번
열리는 전국대회 출전을 준비한다. 선수 모두 사연은 다르지만,
운동을 사랑하는 마음 하나는 같다. 선수들의 열정과 땀, 눈물을
마주하다 보면, 어느새 치어리딩은 단순한 '응원'이 아닌
'스포츠'라는 사실을 깨닫는다. 에미상 3개 부문에서 수상한
넷플릭스 다큐멘터리.

AROUND Club

매거진 《AROUND》를 만나는
온라인 구독 서비스

AROUND Club 월 결제 | 다달이 5,000원
AROUND Club 연 결제 | 해마다 48,000원 [20% 할인가]

Vol.89	AROUND	Busan
Vol.88	AROUND	On Earth
Vol.89	AROUND	Busan
Vol.86	AROUND	Video Storyteller
Vol.85	AROUND	With Dessert
Vol.84	AROUND	A Walker
Vol.83	AROUND	Open A Letter
Vol.82	AROUND	My Own Space

[1]매거진에 발행된 모든 기사 열람 [2]마음에 드는 기사를 모아 나만의 페이지를 소장하는 북마크 기능
[3]매주 하나의 주제로 선정되는 'Editor's Curation' 감상 [4]어라운드가 모은 문장을 귀로 음미하는 'Audio Book' 제공
[5]AROUND Club에서만 볼 수 있는 미공개 사진 감상

몸에게 쓰는 편지

늘 나와 함께 살아가는 너에게

감사한 나의 몸 | 발행인 송원준
쉬지 않고 음식을 먹지만, 살로 만들지 않은 나의 몸에 감사함을 느낀다.

연말마다 같은 다짐을 하지만 | 편집장 김이경
게으른 몸 이끌고 올해도 나 열심히 살았어. 내년에는 꼭 달리든 걷든 밖으로 자주 나가자.

오늘도 마음은 | 에디터 이명주
내 남은 생에도 울끈불끈 복근과 팔 근육이 있을지 생각해 봤다. 아주 가끔 하는 운동을 마치면 배과 팔에 힘을 가득 줘보는데 영… 그림자도 안 보인다. 속상할 때 향하는 곳은 헬스장 바로 옆 빵집. 마음이라도 든든하게 채워야지, 안 그래?

새로운 곳에서 안녕 | 에디터 차의진
호호할머니가 되면 너도 차츰 구부러지고 말릴 거야. 그럴 때도 예쁘다, 하고 보살필게. 그때 네가 짓는 미소는 어떤 모양일까? 켜켜이 쌓인 행복으로 주름도 많을 거야. 그럼 오늘도 환하게 웃으며 젊은 날의 미소를 얼굴에 새겨보자. 그리고 손도 흔들어보자. 어라운드, 만나서 반가워!

살람바 시르사아사나Salamba Sirsasana | 디자이너 양예슬
유독 버거운 아사나Asana 중 하나. 땅에서 발이 떨어지는 일이란 참 겁이 난단 말이지. 긴장을 덜어내고 천천히 호흡하는 연습을 해볼 것.

나답게 행복해지자 | 마케터 윤혜원
안무 수업 중 쉬는 시간 전 선생님의 "질문 있나요?"라는 물음에 "저… 안무를 다 못 외웠어요…."라고 자주 말하는 나. "그건 질문이 아니에요."라는 단호한 대답을 듣고도 아직 움직임이 더디니 기죽을 때 많지? 자다가도 다시 일어나 스텝을 밟아도, 온몸으로 외워지지 않는 동작이 있어도 큰 거울 앞에 나를 내보이는 모습에 맘 놓고 웃기를 바라!

너(몸)에게 전하는 고백 | 브랜드 프로젝트 디렉터 김진형
널 위해 운동할 때 입고 신을 멋진 옷과 신발은 사두었는데 언제 입었는지 기억이 안 나. 오늘은 꼭 입고 같이 달리기를 해보자! 내일은 줄넘기도 할게.

미안하다 사랑한다 | 브랜드 프로젝트 매니저 정현지
밥 먹을래? 나랑 살래? 중 둘 다 선택해서 밥도 먹고 같이 살아야 하는 내 몸. 기왕 그런 김에 더 좋은 거 먹고 더 사랑하면서 살자.

술, 담배, 헬스장 | 브랜드 프로젝트 매니저 지정현
셋 중에 뭐라도 끊어볼게….

우리 사이, 돌이킬 수 있을까? | 브랜드 프로젝트 매니저 정도원
너보다 먼저인 것들이 있다는 핑계로 널 살피는 것에 소홀했어. 너는 내 옆에서 언제나 영원토록 같은 모습일 거라 생각했나봐. 예전 같지 않은 우리 사이, 너무 슬퍼. 내가 더 잘할게, 정말이야!

Vol.01 Vol.02 Vol.03 Vol.04 Vol.05 Vol.06 Vol.07 Vol.08 Vol.09 Vol.10 Vol.11
Vol.12 Vol.13 Vol.14 Vol.15 Vol.16 Vol.17 Vol.18 Vol.19 Vol.20 Vol.21 Vol.22
Vol.23 Vol.24 Vol.25 Vol.26 Vol.27 Vol.28 Vol.29 Vol.30 Vol.31 Vol.32 Vol.33
Vol.34 Vol.35 Vol.36 Vol.37 Vol.38 Vol.39 Vol.40 Vol.41 Vol.42 Vol.43 Vol.44
Vol.45 Vol.46 Vol.47 Vol.48 Vol.49 Vol.50 Vol.51 Vol.52 Vol.53 Vol.54 Vol.55
Vol.56 Vol.57 Vol.58 Vol.59 Vol.60 Vol.61 Vol.62 Vol.63 Vol.64 Vol.65 Vol.66
Vol.67 Vol.68 Vol.69 Vol.70 Vol.71 Vol.72 Vol.73 Vol.74 Vol.75 Vol.76 Vol.77
Vol.78 Vol.79 Vol.80 Vol.81 Vol.82 Vol.83 Vol.84 Vol.85 Vol.86 Vol.87 Vol.88
Vol.89 Vol.90 Vol.91 Vol.92

1년 정기구독

《AROUND》는 격월간지로 짝수 달에 발행됩니다. 정기구독을 신청하시면 어라운드 온라인 콘텐츠
이용권이 함께 제공됩니다.

《AROUND》 매거진(총 6권) & 온라인 콘텐츠 이용권
97,200원 / a-round.kr

AROUND NEWSLETTER

책에서 못다 한 이야기를 펼쳐 보입니다.
또 다른 콘텐츠로 교감하며 이야기를 넓혀볼게요.
홈페이지에서 뉴스레터를 구독해 주세요.

a-round.kr > Newsletter

Publisher

송원준 Song Wonjune

Editor in Chief

김이경 Kim Leekyeng

Editor

이명주 Lee Myeongju

차의진 Cha Uijin

Art Director

김이경 Kim Leekyeng

Senior Designer

양예슬 Yang Yeseul

Cover Design Guide

오혜진 O Hezin

Cover Image

Jade Stephens

Photographer

강현욱 Kang Hyunuk

이종하 Lee Jongha

해란 Hae Ran

Project Editor

이주연 Lee Zuyeon

김건태 Kim Kuntae

김지수 Kim Zysoo

배순탁 Bae Soontak

오은재 Oh Eunjae

전진우 Jun Jinwoo

정다운 Jung Daun

정연주 Jung Yeonjoo

지정현 Ji Junghyeon

한수희 Han Suhui

한승재 Han Seungjae

Illustrator

느효 Neuhyo

렐리시 Relish

서수연 Seo Sooyeon

휘리 Wheelee

Marketer

윤혜원 Yoon Hyewon

Copy Editor

기인선 Ki Inseon

Management Support

강상림 Kang Sanglim

Publishing

(주)어라운드

도서등록번호 제 2014-000186호

출판등록일 2009년 12월 5일

ISSN 2287-4216

창간 2012년 8월 20일

발행일 2023년 12월 1일

AROUND Inc.

서울시 마포구 동교로51길 27

27, Donggyoro 51-gil, Mapo-gu, Seoul, Korea

광고 문의 / 070 8650 6378

구독 문의 / 070 8650 6375

around@a-round.kr

a-round.kr

instagram.com/aroundmagazine

post.naver.com/pgbook2